AF423333

ALDO BARUCQ
MICROQUIMERISMO
Buenos Aires Poetry, 2023
96 p.; 15.24 x 22.86 cm
ISBN 978-987-8470-63-4
Poesía Mexicana

Editorial ©Buenos Aires Poetry

Colección ©Pippa Passes

Diseño editorial ©Camila Evia

**BUENOS
AIRES
POETRY**

BUENOS AIRES POETRY

editorial@buenosairespoetry.com

www.editorialbuenosairespoetry.com

www.buenosairespoetry.com

Para mi familia, hijos todos del mismo árbol.

ALDO BARUCQ

—

Microquimerismo

*En verdad, en verdad os digo: si el grano de trigo
que cae en la tierra no muere, queda
solo; pero si muere, da mucho fruto.*

Evangelio de San Juan, XII, 24.

✻

*Los fantasmas viven, la muerte no basta para erradicar sus hábitos;
prenden la luz, roban las sombrillas viejas, aparecen en las fotografías,
comen a solas, se desnudan en la azotea cuando sale la luna.*

Christián Peña, *Me llamo Hokusai.*

Microquimerismo. Intercambio de células fetales y de células de la madre en el vientre materno durante el embarazo. Microquimerismo. "Durante la década de los noventa científicos descubrieron indicios de que las células de los hijos, tanto niños como niñas, pueden escapar del útero y desperdigarse por el cuerpo de la madre, y viceversa." Microquimerismo. Un 'souvenir' del embarazo: células que no son tuyas, escribe Carl Zimmer. Microquimerismo. Fragmentos de un cuerpo dentro de otro cuerpo, un cuerpo infestado por voces ajenas. Microquimerismo. "La presencia de una pequeña población de células dentro de un individuo provenientes de un organismo genéticamente distinto". Quimera. Monstruo imaginario que vomitaba llamas y tenía cabeza de león, vientre de cabra y cola de dragón. Un animal hecho con partes de otros animales destazados. Quimera. "Aquello que se propone a la imaginación como posible o verdadero, no siéndolo." Quimera. "Frankenstein o el Moderno Prometeo", Mary Shelley, 1818. Quimera. "Organismo formado por células procedentes de distintos individuos, se trata de un fenómeno frecuente en la naturaleza que aparece tras la gestación, un trasplante de órganos o una transfusión." Quimera. Invención. Micro. Pequeño. Microquimerismo. Antología de pequeñas invenciones que forman una sola invención. Microquimerismo. Células de otros en nuestro cuerpo, ADN y genoma. ADN. Entramado de ayeres.

MATAR EL TIEMPO

I.

Hacemos promesas para sentirnos más allá del tiempo.
La muerte no es punto final para los que prometieron
volver cada noche en los crujidos de la casa vieja,
en las cosas que cambian de sitio
sin rastro, sin señas de vida.
Eso explica la existencia de los fantasmas. El llanto de los fantasmas.

Hacemos promesas para vivir en corazón ajeno, huéspedes, parásitos.
Te prometo que volveré, madre.
Algún día.
Primero Dios, hijo.

II.

Madre, no te culpo por creer que el sol saldrá mañana.
No te culpo si todavía crees en el Futuro.

Dices que todo tiempo pasado fue mejor,
que mañana, Primero Dios,
vendrá Su dedo a juzgar a vivos y muertos.
Dices que nosotros somos los buenos y que el paraíso nos aguarda.
Dices que la vecina de enfrente arderá en el comal del diablo
por no barrer su banqueta, su parte del paraíso.
Despiértame cuando venga *El juicio final*, madre
cuando el Futuro divida a los hombres y los mares,
a los ángeles y los demonios.
Que Dios me despierte cuando llegue el momento. El Futuro.
El rito a lo que no somos. Consuelo del mañana.
Quimera del tiempo.
Hablamos con Dios como hablamos con el Futuro

para que nos haga mejores personas,

más apuestos, con más dinero, con un auto del año por venir.

Y dices: Dios proveerá.

Lo que no tenemos, lo que no somos.

Lo que tenemos pero ignoramos.

También el Futuro se acaba. Hay niños que ya no sueñan con ser grandes.

Hay niños que odian ir a la escuela para ser los héroes del mañana.

Los adultos les dijeron que "el mañana" será atroz:

se acabará el agua,

la capa de ozono desaparecerá,

vendrá el calentamiento global,

los rayos UltraVioleta, el CO2.

El Futuro es un monstruo debajo de la cama que viene por ti.

Los adultos dicen que no es momento para comprar juguetes

porque mañana habrá una crisis

y hay que ahorrar y hay que esperar lo peor

y cierra la puerta con candado porque ya viene el día de mañana.

III.

El Futuro como una catedral apunta al cielo,

piedra sobre piedra enhiesta.

Si no encontramos nuevas formas de ascender al cielo,

además de apelmazar roca sobre roca,

pronto, las catedrales buscarán un pesebre para dormir cual inválidos con la

|fe amputada.

Por más que las catedrales se estiran no tocan el cielo.

Tendrán que arder en llamas, subir con la humareda

y abrir un hueco en la capa de ozono

por donde se cuelen

los demonios del *Juicio final*, los rayos UV.

Tenemos brazos tan cortos, madre, como las torres de una catedral cuando un abrazo no alcanza a decir todo el amor guardado. Ni toda la

|ausencia.

Para llegar al Futuro,

para ver el rostro de Dios y contárselo

a los niños del mañana, nos falta vida, tiempo.

IV.

De grande quería ser astronauta.

–Mejor doctor.

–No me gusta la sangre, mamá, me gustan las naves espaciales.

Primero llegué a ser adulto antes que a otros planetas.

Tenías razón, madre.

La tierra nos jala hacia abajo. La gravedad. El hambre.

Las cuentas por pagar. *Los trabajos y los días.*

–Siempre mantén los pies en el suelo, hijo.

Los astronautas van a la deriva. Sin sentar cabeza.

Llego del trabajo y me siento en el sofá con una cerveza en la mano

porque eso hacen los mayores: trabajar, beber, perder el tiempo.

La vejez tiene permiso

para echarse en el sofá, las horas, los días,

y esperar a los gusanos.

Me quito los zapatos, estiro los huesos, estiro el tiempo de mis huesos.

La edad se nota cuando cruje.

Enciendo la televisión para matar el tiempo

un rato, antes de dormir.

Para matar el tiempo no necesito un revólver. Basta con hacer planes a Futuro:

una profesión, hijos, sembrar un árbol, escribir un libro,

aprender de jardinería.

Cada quien sabe su forma de matar el tiempo

y salir impune,

unos toman clases de macramé, otros hacen una familia.

Diez hijos tuvo mi abuela. Tres de ellos fueron deseados, queridos.

Chava. José Luis. Olga.

Los demás…

– Es que no tenían televisión, ¿verdad?

La broma infinita. Mi abuela no se ríe.

Eran otros tiempos, dice mi madre, el Futuro venía de rodillas.

Mi abuela nunca protestó la invasión de otros en su vientre.

Nunca se levantó en armas. Colonizada. Contagiada.

Microquimerismo. Células de otros viviendo en nuestro cuerpo,

un cuerpo infestado por otros cuerpos.

V.

Llaman microquimerismo al intercambio de células fetales y células de la madre en el vientre materno. Microquimerismo viene de Quimera, ese monstruo griego que está hecho con partes de distintos animales. Las células fetales pueden entrar por el torrente sanguíneo al cuerpo de la madre, pero también las células de la madre pueden entrar por la placenta al cuerpo del feto. Y, aunque es más difícil, las células de una abuela pueden entrar al cuerpo del nieto también. Como las células fetales son flexibles, se pueden adaptar al tejido de la madre, como extranjeros que aprendieran el idioma, pueden insertarse y formar parte del cuerpo de la madre en muchos órganos distintos. Estamos hechos de los otros. Este es un libro microquimérico.

Jazmina Barrera, *Línea nigra.*

VI.

Sembrar la voz de otros

en la profundidad de la tierra blanca

sembrada en la hoja en blanco.

Y cultivar la interrogante.

Y cultivar la semilla de lo que dijeron otros.

Las voces que nos invaden
volverlas otra cosa:
un árbol, un tulipán,
hierba mala,
un trigal,
un tallo sin cabeza, sin pétalo.
Voz con voz engranar el río de resonancias,
sin madre,
sin padre
nacido del espacio en blanco.
Surgido de pronto.
Esta es mi lengua materna, la ceniza en el paladar.

VII.

Mi padre mató al tiempo con una honda como David a Goliat.
Mi padre mató a su padre.
Zeus mató a Cronos
como Amélie Nothomb a su padre.
Los hermanos Karamazov al mayor Karamazov.
Saturno a sus hijos.
Einstein mató los viajes en el tiempo.
Séneca decía, no es poco el tiempo sino mucho el que perdemos
rascándose la barriga en su ocio burgués, matando el tiempo.
A mí nunca me gustó la sangre,
por eso no fui doctor ni tampoco asesiné a mi padre.
Me basta con matar el tiempo viendo el fútbol,
haciendo la cena,
resolviendo el crucigrama del periódico.
De madrugada, cuando no sé cómo matar el tiempo,
tomo el teléfono para saber si mi ex novia de la universidad sigue viva.
No digo nada. Solo mi respiración.

Pervertido. Enfermo. Te voy a denunciar. Cuelga.

Escribir. Leer. Tejer. Urdir al hombre que seré mañana.

Mañana terminaré este libro de poemas, mañana que salga el sol.

Mañana será otro día, mañana seré otro en el espejo. Otro río.

No dejes para mañana lo que puedes hacer hoy,

no dejes para mañana el amor, hijo.

No hay mañana.

–No dejes de visitar a tu madre. La soledad enferma.

–Sí, papá.

VIII.

Para matar el tiempo hay que orar, comer, dormir, trabajar

mirando el reloj a cada minuto para saber cuánto falta para volver a la cama.

Verás qué hermoso es el tiempo, madre,

y qué tardío cuando esperamos el amor en una banca del parque

la mañana de un 27 de septiembre.

El tiempo como el río es otro. El tiempo como el río se llevó los ojos de mamá.

El cambio es la única constante.

Todo cambia: los autos, el clima, el amor, la infancia.

–Los niños ya no son como antes, por más que los golpeo no me obedecen.

Yo obedecía a la primera, dice.

Yo nunca le di corajes a mi madre, dice.

Mi madre no entiende los tiempos modernos.

Mi madre es una atleta jubilada que perdió la carrera del tiempo.

No es verdad que la tortuga llega primero a la meta

y que el movimiento es una ilusión.

El movimiento

es aquí y ahora.

IX.

Mi madre dejó de ser un árbol para hacerse leña,
una fogata donde calentar el pescado que trajo mi padre para la cena.
Las madres cuidan a sus bebés con su calor corporal. *La glándula tiroides,*
situada en el cuello, actúa como un termostato durante el embarazo, en teoría,
las células fetales de la tiroides hacen que la madre genere más calor
para proteger al feto.
Y los hijos devoran el calor de la madre.
Y la fogata se consume, las manos de mi madre se agrietan,
arrugadas, car-comidas, cenizas.
Dice Mónica Ojeda que *los hijos canibalizan a sus madres de la leche al hueso.*
El amor empieza con una mordida y un dejarse morder.
En Brasil, la tribu Yanomami honra a sus muertos incinerando su cuerpo
para luego comerse las cenizas en un banquete familiar, creen que así,
en los intestinos, resguardan y protegen el alma de sus muertos, tal como ellos,
la madre, el padre, los abuelos, los cuidaron en vida.
Microquimerismo. Cenizas de otros en la ceniza que seremos.
Aprendí a anudar mis agujetas como aprendí de lazos sanguíneos.
El círculo de la sangre gira eternamente.
Un padre y su hijo descubrieron la Rueda
tirando rocas por un precipicio, destruyéndolas.

En los intestinos cabe más de un alma, dicen los Yanomami.
Un solo cuerpo infestado de voces. Fantasmas.
¿Qué es un embarazo? Un dejarse invadir por otro.
¿Qué es una posesión demoníaca? Un ser que invade nuestro cuerpo
y nuestra mente controlando nuestros actos.
¿Qué es un alumbramiento? ¿Qué es un exorcismo?
Una forma de extirpar al extraño huésped mediante un ritual,
dentro de un quirófano o encima de un altar
y la sangre y los gritos y el retorcerse entera

Somos los restos que dejaron otros.
La memoria que mamé del seno de mi madre,
soy las historias que me contó mi padre,
soy la calvicie que me heredó el abuelo Alberto,
soy el grito de mi abuela pariendo su décimo hijo.
Soy mis exorcismos.

X.

Una placenta mediana pesa aproximadamente 750 gramos. Es un órgano que acabara desechándose y en el que los nutrientes, las hormonas y residuos pasan de la madre al feto. Así, la placenta es una especie de lengua, quizá nuestra primera lengua, o nuestra lengua madre genuina. A los cuatro o cinco meses la placenta de mi hermana había alcanzado ya su pleno desarrollo. Las dos se hablaban ya..., con diálogos de sangre.

Ocean Vuong, *En la Tierra somos fugazmente grandiosos.*

XI.

La plancha de mamá nunca pudo desarrugar el tiempo enraizado en su piel
ni volverla joven de súbito.
Mamá no puede desarrugarse la piel y regresar el tiempo
cuando no tenía hijos
cuando soñaba y se maquillaba para verse guapa.

El tiempo no es algo que puedas tocar.
El tiempo nunca está en casa. Papá es como el tiempo. Mamá dijo.
El tiempo huérfano, estuvo aquí desde el principio de los tiempos.
–Lo sé porque yo nací antes que el tiempo, hijo.
–Papá me dijo que el tiempo es un bueno para nada porque no tiene Futuro.

Para matar el tiempo hay que enterrar a la abuela,
hay que reunirnos en familia
y matar un borrego para conmemorar a la difunta con un banquete de cenizas.
Para matar el tiempo hay que hacer más hijos
con la habitación a oscuras.
Las parteras recomiendan dar a luz con la luz apagada
para que el recién nacido no abandone súbitamente la oscuridad del vientre.
¿A quién le gusta saberse vivo de pronto?

La abuela se fue.
El abuelo se fue.
Y me pregunto cómo habrá sido su alumbramiento.
Me cuesta imaginar la infancia de mis abuelos,
me parece que los ancianos nacieron tristes, viejos,
en una habitación a oscuras.

Con la muerte mis abuelos conocieron la luz, con el fuego manso del crematorio.
Le prometimos a la abuela una discreta cremación, nada de velorios ni entierros.
Nada de colores fúnebres.
Ya estuvo bueno de lloraderas, decía.

XII.

Liberemos a los muertos del dolor de su pérdida,
de la promesa de volver a encontrarlos en el más allá.
Dejen en paz a los muertos. Vivan y dejen morir.
¡Qué costumbre tan salvaje esta de (des)*enterrar a los muertos!,*
¡de recordarlos, de llorarles, de asegurarles un espacio en el cielo!
¡de levantar altares en su nombre, catedrales!
Es tratarlos alevosamente, es negarles la posibilidad del sueño.
—*Yo siempre estoy esperando a que los muertos se levanten, que rompan el ataúd y digan*
                                        |*alegremente: ¿por qué lloras?*

—Yo siempre estoy esperando la hora de morirme para que me dejen de estar

|chingando.

Le respondió mi abuela a Sabines tomando café en el Infierno.

Qué costumbre tan salvaje la de aprisionar a los muertos en nuestro corazón.

Enjaulados en promesas.

Te libero abuela. Te libero abuelo.

Pueden quitarse la sábana blanca que los hizo fantasmas.

Los libero del cielo.

¿Por qué dicen que mi abuelo está en el cielo si violó a mi abuela doce veces

para nombrar a sus hijos con el nombre de los doce apóstoles?

¿Por qué dicen que la abuela está en el cielo si tundía a palos a los nietos

que se portaban mal o que tomaba por bastardos?

Abuela, abuelo, los libero del cielo para que puedan volver a ser humanos.

XIII.

Dice Jazmina Barrera que: *La maternidad es otro tipo de daño.*

Es una disminución, una desintegración del ser, después de la cual la forma original

desaparece, como desaparece la leña por parir al fuego.

Mi madre fue una casa ignífuga,

ardiendo en fiebre

alumbró con dolor un hijo de ceniza.

Cenizas se hicieron los sueños.

En la tribu Yanomami se comen la ceniza de sus muertos.

Los hijos drenan la vida de sus padres. ¿Cómo drenar su muerte?

Microquimerismo. Los recuerdos de otro ocurren en mi cabeza. Sus vidas pasadas.

Microquimerismo. La maneras de la reencarnación.

Microquimerismo. Tus genes en mis genes.

ADN. Entramado de resurrecciones.

Cenizas se hicieron los sueños.

Cenizas se hizo mi madre, la joven poeta, la abogada, la astronauta,

la estudiante de excelencia que soñó con crear mundos mejores

y no un hijo.

Eran otros tiempos, dijiste.

Los tiempos de la maternidad obligada. Legado de la sangre. Pecado original.

Nadie te dijo que al ser madre tu cuerpo ya no sería tuyo.

Nadie te dijo que tu cuerpo se volvería

alimento. Cuna. Máquina de arrullos.

Nadie te dijo que dejarías de arrojar tu cuerpo a las olas por cuidar la *Distancia*

| *de rescate*

con el hijo que hace castillos de arena

cerca de la mandíbula del mar.

Tendrás que guardar a tus hijos dentro de la mandíbula como hacen los cocodrilos

aunque no puedas comer, ni comértelos.

Porque una madre que asesina a su hijo es un hombre, escribe Mónica Ojeda.

Dejarás de pertenecerte porque del cordón umbilical cuelgan los ahorcados.

Dejarás de pertenecerte porque *para que una cosa sea otra tiene que dejar de ser.*

La poeta, la bailarina, la astronauta, ardieron en llamas.

XIV.

Nunca te pedí perdón. Yo sí tuve la oportunidad de ser árbol, semilla, retoño, incendio. Doctor, licenciado, ingeniero, contador. Mis tiempos fueron otros. Distintos a los tuyos. Madre e hijo nunca se entienden. Elegí una profesión, lo que nunca tuvieron ni tú ni papá. Tiré mi oportunidad a la basura, dijiste. Tanto esfuerzo, tanto sudor, tantas llagas en tus manos, arando la tierra, pescando, trepando al Árbol de la Vida, para que terminara escribiendo poemas, leyendo a filósofos locos y personajes de tinta y papel. Ahora entiendo tus reproches. Querías para mí algo que no fuera la nostalgia heredada, algo más que el recuerdo del hambre. La voz de los años descalzos de tu infancia. El ruido del hueco en el estómago. Querías que tuviera los pies en la tierra y fallé.

XV.

Mamá, no sé si habrás podido llegar hasta este punto de esta carta, o si no has llegado hasta aquí en absoluto. Tú siempre me dices que se te ha hecho demasiado tarde para aprender a leer, con tu pobre hígado, tus exhaustos huesos; que después de todo lo que has pasado en la vida lo único que te apetece es descansar. Que la lectura es un privilegio que me pudiste brindar con lo que tú perdiste. Sé que crees en la reencarnación. Yo no sé si creo o no, pero espero que sea cierta. Porque entonces tal vez vuelvas aquí la próxima vez que vivas. Tal vez seas una chica y tal vez vuelvas a llamarte María. Y tengas un cuarto lleno de libros y unos padres que te leerán cuentos antes de dormir en un país intocado por la guerra. Tal vez entonces, en esa vida y ese futuro, encuentres este libro y sabrás lo que fue de nosotros.

Ocean Vuong, *En la Tierra somos fugazmente grandiosos.*

XVI.

Sembrar otras voces.
Desplegar sobre la tierra blanca un jardín de bonsáis.
Donde anide mi voz
entre voces.
: Microquimerismo

XVII.

Renuncio al tiempo.
Los veranos se acaban.
Los inviernos parecen hornos crematorios.
Hay ceniza en los regalos debajo del árbol. Los tiempos son otros.
Se acaba mamá y no hay provisiones.
No hay madres enlatadas: el Futuro que nos prometieron fue una mentira.
No hay progreso. No hay ciencia que exorcice la muerte de los cuerpos.

No hay tecnología que me regrese al vientre de mi madre para morir plácido
en la tumba conocida.
No hay abrazos en cápsulas.
No hay hogares tetrapack.
Nos engañaron, todo fue una mentira.

Díganme cómo los viajes a Marte vendrán con el progreso, pero no las madres
|portátiles.
Morel nos engañó, imposible replicar a mi madre en el sofá,
viendo las telenovelas,
aconsejándome cómo cuidar su jardín cuando ella no esté.
No hay madres hologramas.
No hay madres enlatadas para comer en el sótano cuando afuera arrecie la lluvia,
las bombas nucleares.

Afuera, el uranio calcina el jardín de mamá. La estela de luces moradas y rojas,
los fuegos artificiales. Con el Futuro vendrá la radioactividad.
La muerte vendrá con efectos especiales.
El Futuro será un botón rojo,
lo presiono y vuelan las ciudades al espacio.
Por fin seremos una especie interplanetaria.
Celebran los noticieros.
Y las familias se refugiarán en el sótano para ver el Apocalipsis
en HD vía *streaming*.
"Estados Unidos lanza ataque nuclear a medio oriente."
"China entra en la contienda con
sus armas de destrucción masiva."
"El fin se acerca"
This is the end.
El Armageddon divide los mares, los hombres buenos y malos.
No es el intro de *Apocalipsis Now,*
es el final de los tiempos en Alta Definición.

XVIII.

El Futuro es un culto religioso.
El paraíso en tierra será un paraíso holograma. No alcanzaremos a ver el
Futuro.
El rostro de Dios fulmina en el acto.
El paraíso no se toca, no cabe en la memoria.
Creamos vacunas para no morir.
Sueña el inmortal que vive.
Sueña mi madre con la cura para el cáncer,
sueña que el Futuro será mejor,
con teléfonos inteligentes para hablar con los hijos
de larga distancia,
de la vida a la muerte.
Mañana serán otros tiempos. Primero Dios, hijo.
Sueña que va al médico para curarse el abandono:
Le recetan reposo y medicamento:
"Familias encapsuladas"
Tome una cada 8 horas.
Cada que recuerde a sus muertos.
Cada que un hijo se vaya.

XIX.

El Futuro traerá corazones de plástico,
no sé si autos voladores o madres enlatadas.

Todos se fueron, madre, te dejaron sola.
Te queda tu casa. Los muebles llenos de polvo.
Te queda la cafetera, el microondas, la estufa.
Aquel refrigerador que papá y tú compraron con sudor y fe,
sin comida,

sin hijos,

sin recados pegados en la puerta.

Con el tiempo, con trabajo,

el refrigerador se fue llenando de tomates, cebollas, leche, carne, huevos

y cenizas de la abuela

para tener su alma cerca, decías,

para que aguante el calor infernal de los tiempos modernos,

para batirlas en un licuado de fresa y recordar sus años de juventud.

Sacar del refrigerador un trozo de Futuro

y echarlo sobre la sartén. A fuego lento se cocina el porvenir, decías.

Lento. El Futuro camina lento.

Parece que Godot viene de rodillas, chinga.

A ver a qué horas nos hace el milagro.

Cuántas veces nos comimos la esperanza

para no pensar en el hambre,

esperando a papá, esperando al Futuro.

Todos se fueron menos la cafetera, el microondas y el cadáver

de la abuela junto a la mantequilla.

Tampoco el silencio se fue.

Tampoco el recado pegado en el refrigerador

Hijo:

fui por el mandado

no tardo, espero

cuida a tu hermana

recoge tus juguetes

hay cenizas de la abuela en el refrigerador para comer por si no regreso

si llama tu papá

no contestes

no lo llames

no lo dejes pasar a la casa

piensa en nuestro futuro

te quiere, mamá.

XX.

Me dijiste que me fuera sin preocuparme por ti,
que los estudios eran primero: los estudios, el amor, la vida.
Dijiste que no esperáramos por ti.
Mamá, te haces vieja. Crujes como un muelle a merced del oleaje del tiempo.
Gracias al internet puedes hablar con tu hijo cada viernes por la noche.
Me dices que me veo más flaco.
Me dices que no estoy comiendo bien.
Que esa mujer con la que vivo me tiene en los huesos.
Te digo que nos separamos. Que el amor es complicado.
Me dices que la edad es el espejo de los daños.
Nos separa el ciberespacio que no está en ningún lado.
Te sorprende que una cosa que no puedes ver ni tocar nos junte
y nos separe al mismo tiempo.
Me preguntas por qué falla el internet si siempre pagas a tiempo la factura.
Es viernes por la noche sin noticias mías. Culpas al internet.
Es viernes por la noche y tu hijo no se ha conectado.
Estará en una fiesta con sus amigos.
Estará con una chica remendando el corazón.
Estará haciendo su vida.
Estará haciendo lo que hacen los jóvenes los viernes por la noche.
Matar el tiempo.

Seguro olvidó que hoy es viernes, seguro no pagó el internet
por gastar el dinero con alguna mujer.
Pagarías por verme. Matarías. Te matarías.
Llamas al técnico para que te explique.
Es viernes por la noche, ¿dónde está tu hijo?
Le abres la puerta con mala cara.
Alguien tiene que pagar por la llaga abierta, por la grieta en el muro.
Lo humillas mientras hace su trabajo, dice que todo está en orden,
que no hay problema con la red, y sin embargo,

no puede devolverte a tu hijo.

Tu casa es todo lo que te queda. Tu casa no puede irse y hacer su vida.

Tu casa está obligada a ser tuya.

Las torpezas de Dios: hijos que se van, madres obligadas a echar raíces

al centro de una casa vieja.

Insultas al técnico. No entiendes su idioma: la fibra óptica, el módem, el wifi.

No entiendes su lengua y Babel se incendia, arde el Futuro.

Sin tregua. Tu boca echa lumbre. Palabras como piedras

lapidando al extranjero que habla un idioma que las madres no entienden.

Si pudieras, formarías un hijo con el dolor que llevas guardado

y con todas las flores del jardín.

Le enseñarías a andar en bicicleta,

le enseñarías el nombre de los colores,

le dirías que no es malo llorar. Un hijo hecho a la medida de una madre.

Tener un hijo sin tener marido.

Eso sería un buen invento para el Futuro, piensas.

XXI.

Primero enciendes el auto, quitas el freno de mano, metes el clutch, la primera
velocidad y arrancas, poco a poco. No, despacio. Frena. Vuelve a encenderlo.
Primero el clutch. Frena. ¡No! Enciéndelo. Mete primera. No, así no. Así.
Mete segunda. Bien. ¡No! Frena. Despacio. Segunda. No. Frena. Enciéndelo.
¡No! ¡No! ¡No! Tu padre es quien debería enseñarte estas cosas. Te pareces a
él, nunca me entienden, nunca me escuchan.

XXII.

¿Qué es el tiempo?, te pregunto.
Y me cuentas una historia.

Un día, Heidegger llegó al salón de clases para impartir su cátedra. Los alumnos sacaron libretas y bolígrafos dispuestos a traducir la voz del filósofo que anotó en el pizarrón EL TIEMPO. Heidegger miró a los presentes, y luego, sin decir nada salió del salón cerrando la puerta. Los alumnos con firme y estoica vocación filosófica no hicieron nada. Dejaron que el silencio tomara la palabra del maestro. Tal vez se tratase de un enigma. Una prueba. Algunos comenzaron a tomar notas para descifrar el acertijo antes de que volviera. Lo esperaron y esperaron y esperaron, enfermos de tedio, abatidos en su aburrimiento, para que, poco antes de la hora de salida, el filósofo volviera. Heidegger miró a sus alumnos irritados y dijo: ustedes han experimentado El Tiempo.

Algunos se rieron. Otros tomaron su libreta para describir lo que había pasado, para traducir la lengua del tiempo muerto. El aburrimiento.

¿Qué decimos al decir que estamos aburridos? ¿Que el tiempo corre despacio? ¿Que fuimos enterrados vivos

en la tumba del tiempo?

Algunos pierden el tiempo leyendo a Heidegger.

Como si no hubiera otra forma de aburrirse.

Quizás, Heidegger fue el mejor maestro de filosofía práctica.

Leer a Heidegger es experimentar El Tiempo.

Lo ideal sería olvidar la sucesión de las cosas.

El tiempo no tiene la culpa del aburrimiento.

XXIII.

No sé si te vea en el Futuro, madre.

No sé si un chip inteligente pueda guardar tu alma

para llevarte en mi celular,

para escucharte con mis audífonos

y conversar sobre la imposibilidad de los viajes en el tiempo.

Sobre las maravillas del Futuro que no viste.

Si en un Futuro puedo guardarte en mi computadora te contaré las

| novedades del vecindario.

Te contaré que tu jardín sigue vivo.

Le hice algunos arreglos con naturaleza muerta para la temporada de fríos,

y el efecto invernadero ahora que el infierno es aquí.

Tu hijo sigue sin aparecer y el técnico no puede ayudarte.

Ignora que pronto llegará *El juicio final*

y se acabarán los viernes por la noche.

y *es urgente, y la eternidad se nos acaba.*

También el tiempo se cansa de suceder.

–Reiniciamos su red para ver si ese es el problema, señora.

–¿La red? ¿Cuál red?

XXIV.

Hablemos de la antigüedad de las cosas nuevas. ¿Qué es una red?

Mi padre fue pescador hace mucho tiempo.

Antes del diluvio universal.

Antes de que Moisés dividiera los mares ya existían las redes.

Mi padre arrojaba su red al mar y la devolvía con hermosos peces danzarines.

Yo los miraba bailar sobre la tierra y me preguntaba si acaso sufrían secretas

|asfixias,

secretos gritos de auxilio que nosotros no entendíamos.

O si esa era su forma de ser felices. La gente es feliz cuando baila, pensé.

Mi padre decía que los ojos de los peces no podían llorar desde que lloraron

|todo el mar.

Por eso no les dolía morir.

Papá creía que los animales se ponen contentos al morir por nosotros.

La red de papá atrapaba peces, zapatos, botellas, barcos, sirenas,

camarones, bombas de la segunda guerra mundial que nunca estallaron.

La red de papá nunca falló como la red de internet.

–Ya no hacen las redes como antes.

–Disculpe la molestia señora, sigo trabajando en su conexión.

La red de papá se sumergía en el mar y regresaba con historias nuevas.

¿Te conté de la vez que papá atrapó con su red a Simbad el marino? ¿Te conté

de la vez que se fueron en un bote a cruzar los siete mares
y nunca volvieron?
Mi padre contaba cuentos con tal de no vivir en tierra firme.
Mi padre era amigo de Simbad. Simbad se lo llevó con el mar.

Mi padre atrapó mil monstruos marinos.
Barcos fenicios, submarinos, el trinche de Neptuno.
Mi padre fue náufrago hace cientos de años.
Me parece que extraña su condición de isla
cuando se queda sentado en su sofá todo el domingo.
Un hombre de trabajo merece descansar un día a la semana.
Por eso Dios es hombre.
Por eso hizo los domingos.
Decía papá.
La antigüedad de las cosas nuevas.
Los objetos no se crean ni se destruyen, se transforman.
Ahora las redes son otra cosa. Ahora las redes son invisibles.
Las redes de hoy
son telarañas de números incapaces de atrapar historias de monstruos marinos
y de incautos marineros.
–No funciona la red, señora.
–La red de mi esposo nunca falló, una vez atrapó a Simbad el marino.

XXV.

La dictadura del tiempo es la dictadura de los números.
El tiempo envejece, cumple años como nosotros.
Me preguntas: ¿Qué edad tienes? ¿Qué día es hoy?
¿Cuánto falta para que el tiempo se acabe?
El problema del tiempo es que lo contamos con números y los números no existen.
Ante el carácter efímero de la historia, ante la suave y casi imperceptible di-
solución del instante, *los jázaros* llevaron la introspección de los sueños a ni-

veles tan profundos que alcanzaron a ver los sueños de sus antepasados para cazarlos y luego transcribirlos en un códice que guardara la historia de su civilización. Los cazadores de sueños creían que cada individuo albergaba en lo recóndito de su cabeza los recuerdos y los sueños de sus antepasados, todos hijos de la misma memoria y raíz, bastaba con excavar en la inconsciencia durmiente, en cada paisaje onírico, para develar la historia de toda una estirpe. En sueños las personas se muestran como lo que son en realidad: pequeños demiurgos hacedores de mundos. La misión de los cazadores de sueños era rescatar aquellas quimeras en la memoria de los muertos para que nunca abandonaran definitivamente el cauce del tiempo, el río de la historia. No era una labor sencilla. Había quienes se perdían en el reino de los sueños y nunca regresaban, quedándose dormidos para siempre; principalmente, aquellos cazadores que encontraban en el mundo onírico motivos para quedarse: una familia reunida alrededor de un banquete, una última charla con la madre fallecida, una batalla mano a mano junto al abuelo que partió a la guerra. Otros, fieles al oficio, retornaban al mundo de los vivos con nuevo fragmento de la historia jázara para escribirlo en el códice de la memoria colectiva. Cada sueño recobrado se unía al anterior hasta materializar la Historia del pueblo. Un día, la secuencia de sueños los llevó hasta el primer hombre de la descendencia y ya no hubo más que contar. Así fue como el pueblo encontró su final y cada habitante tuvo que disiparse por el mundo como hacen las hormigas cuando la lluvia torrencial interrumpe sus trabajos de súbito. Partieron a otras tierras, a otras tribus y genealogías. Algunos se volvieron cristianos, otros judíos o musulmanes. Cada uno siguió el camino natural de los ríos, el curso de la Historia. Bifurcarse. Dejar atrás el pasado, la patria, cual vestigio, ruina, silencio, leyenda del polvo reunido en forma de reino. Así la historia de la Historia. El mito del hombre contra la evanescencia de los sueños.

XXVI.

Una madre cautiva de los que se fueron, quienes la atan a esta casa vieja.
Hay dolores innatos.

La sangre de una madre carga penas antiguas. Caídas originales.

Preparar la cena es un grillete espinado cuando no llegan a cenar los hijos

|ausentes.

La mesa está puesta.

Cuatro platos.

Cuatro sillas para el rumor extinto de cuatro personas extraviadas.

Uno construye su casa a nuestra imagen y semejanza.

Las casas no abandonan a quien pintó sus paredes,

a quien resanó sus grietas en tiempo de lluvia

como quien pone un curita en las rodillas raspadas de su hijo.

Las casas son animales domésticos.

Las casas ronronean en la noche cuando los fantasmas acarician los muros.

XXVII.

El pasado es un radio encendido

que suena el día entero por si aparece la voz de su hijo.

Espera que las canciones viejas la devuelvan al tiempo en sepia,

cuando se hablaba del porvenir como de un país lejano,

a décadas, mares de distancia.

Probablemente ya

de mí te has olvidado

y mientras tanto yo

te seguiré esperando

Canta las canciones de la radio.

Canta para echar raíces en el aire.

Canta para no quedarse dormida y abandonar la tierra de los vivos.

Ella es un roble, no se mueve de su casa. Tiene la gallardía

de la madera incólume

del árbol al centro de la tormenta.

Frente al paso del tiempo resiste.

No me he querido ir

para ver si algún día

que tú quieras volver
me encuentres todavía
Hace tiempo que nos hacemos viejos.
Hace tiempo que no visito a mi madre.
Probablemente, ella también insulte a los que tocan a su puerta
y no son su hijo.
Por eso aún estoy
en el lugar de siempre
en la misma ciudad
y con la misma gente
Trato de imaginarla. Trato de apalabrar su rostro en la hoja.
Es una niña de papel que juega
a los barquitos de papel,
sale a la lluvia y se deshace entera.
Es un animal disecado, indómito en su propio grito contra el tiempo.
Un adorno para su propia casa.
La Piedad en carne viva. Una réplica empolvada sobre el librero.
Su corazón se hizo roca
por la pena de una madre deshijada.
Para que tú al volver
no encuentres nada extraño
y sea como ayer
y nunca más dejarnos
Una madre deshijada es una madre de todas formas.
La derrota anunciada desde
el parto. El Futuro no espera, la muerte no espera.

XXVIII.

Con el paso del tiempo una madre aprende a habitar su casa,
sola, olvidada,
dando de comer a los gatos de la calle para sentirse madre,
poniendo el corazón en las macetas para ver si florece.

Las plantas no mueren, cada cuando vuelven a la semilla y retornan.
Hay que adornar la casa con flores cuando los hijos se van.
Así una se siente menos sola.

Llega el otoño y el delirio.
Creemos reemplazar las risas infantiles
con un florero o un camino de mesa con flores bordadas.
Las flores
metáforas de la vida.
Florecen.
Se marchitan.
Vuelven a la tierra.
De las flores nacieron los colores del mundo,
los mitos: el ave fénix, el eterno retorno, la resurrección de Cristo.

Los hijos se van y una se queda sola
y toda la casa y toda la muerte,
y todo el tiempo del mundo para cuidar el jardín,
para tejer, para entramar los hilos
y hacer memorias y bufandas para los nietos que vendrán.
Mañana. Primero Dios.

El amor es una urdimbre de hilos de colores. Urdimbre de flores.
Un ramo de rosas para el cortejo. Tulipanes para la ama de casa solitaria.
Margaritas para la tumba de mamá.
Coronas de flores para el funeral del abuelo.
Aprendimos a amar como aprendimos a cuidar las flores.
En mi tierra nos enseñaron a tejer con girasoles.
A amar con claveles y gerberas.
En mi tierra los atardeceres parecen ópalos. No lo olvido.
En mi tierra las mujeres tienen que aprender a tejer hijos por si nunca llegan.
Por si se van demasiado pronto.
Con la misma dedicación, las mujeres aprenden a tejer atardeceres
con el rigor de la pena.

En mi tierra las mujeres envejecen por vocación
como las casas azoradas por la lluvia y el tiempo.
Hechas para la ruina. Hechas para darse a los demás.
Así nos enseñaron. Eran otros tiempos.
Mi casa envejece pero las voces no se van. Soy mi casa esquizofrénica.
Por cada voz una historia.

Microquimerismo. *Repito otras voces que siento como mías y se encierran
en mi cuerpo con rumor de mar gruesa.*
Microquimerismo. Quimeras dentro de otras quimeras.
Voces dentro de otras voces.
Enciendo la radio para acallar los murmullos en mi cabeza.
No estoy tan sola como parece. Desde las sombras,
una familia habita en mi cabeza,
yo soy mi propia casa.

En mi tierra aprendemos que el tiempo no se nota hasta que falta.
Cuando no se dieron los abrazos a tiempo
es cuando el tiempo duele.
Es cuando el tiempo se sabe perdido.
El tiempo camina con sigilo, piensa que tenemos todo su tiempo.
El tiempo no respeta el tiempo de los demás. Nadie lo ha visto
y sin embargo se mueve, cayó sobre mi ciudad virgen,
empeñado en tocarla con su beso lascivo.
Con los años, el tiempo penetra mi ciudad, lentamente lame su silueta.
El tiempo echó raíces, las cicatrices de la ciudad se bifurcan y hacen calles,
avenidas, bulevares, arterias.
El tiempo besa los labios de mi tierra, la penetra con los siglos,
y no llega,
no llega nunca el Futuro, nunca el orgasmo.
Mi ciudad es muy joven para la vejez del tiempo.
Mi edad es su hijo bastardo.

XXIX.

Pasado, presente y futuro.
Pasado, presente y futuro.
Pasado, presente y futuro.
4 por 4, 16
4 por 4, 16
4 por 4, 16
En la escuela nos enseñan a repetir lo dicho.
A memorizar.

La educación del alma.
Por eso volvemos siempre a los mismos lugares, a los mismos rostros.
Y los tropiezos no cesan.
Nada me han enseñado los años,
siempre caigo en los mismos errores
otra vez a brindar con extraños
y a llorar por los mismos dolores. Suena la radio.
Nadie nos enseñó otro camino.
Memorizamos para no olvidar: tablas de multiplicar, verbos, capitales, sueños.
Si yo volviera a ser estudiante escucharía a la maestra de Historia.
Me acomodaría el holán de la falda.
Sentada en mi pupitre
vería galopar las motas de tiza cuando la maestra
escribiera lo que *escrito, escrito está.*
Tarea. Una plana de cien veces:
Cristóbal Colón descubrió América en 1492.
Cristóbal Colón descubrió América en 1492.
Cristóbal Colón descubrió América en 1492.

Tomaría notas.
Levantaría la mano para participar cuando hablen de la Segunda Guerra Mundial
y de las bombas que no estallaron,

hoy, hundidas en las profundidades del mar.
En aquel entonces no imaginaba que tendría un esposo pescador
que arrojaba su red al mar y la devolvía con monstruos azules,
sirenas y bombas de la Gran Guerra.
Si pudiéramos ver el Futuro sin caer fulminados,
nunca hubiera querido un esposo que me cambiara por Simbad.
No repetiría los mismos errores, como decía la maestra de Historia.
Si yo volviera a ser estudiante.
No tendría hijos.
Tendría un Futuro.
Sembraría mis pies en una maceta hasta que me creciera
un porvenir brillante en el pecho.
Qué más hubiera querido que pasar la vida entera
como estudiante el día de la primavera. Suena la radio.

XXX.

Los *jázaros* descubrieron otra forma para resguardar la Historia de su pueblo, tatuándose la memoria colectiva, los ritos, las leyendas, los códigos morales, en cada centímetro de piel. Así lo hizo uno de los guerreros cuando llegó la paz perpetua y no había nada que mejor hacer. Al tatuarse la Historia de su linaje, sin saberlo, se convirtió en el último testimonio vivo de la existencia de los jázaros, cuando el pueblo se disgregó hacia otras tierras. Aquel hombre fue un códice ambulante, una leyenda nómada. Según la tierra que visitaba, el guerrero mostraba una parte de su cuerpo a los extranjeros acorde al fragmento de la Historia que se quisiera conocer. Los historiadores le pagaron importantes sumas de dinero por su desnudez entera. Con el paso del tiempo envejeció la leyenda del pueblo jázaro y la piel del guerrero se hizo más cotizada para los coleccionistas que estuvieron al acecho. Uno de ellos lo apresó para sumar una pieza a su colección de vestigios históricos de civilizaciones perdidas, pero luego, decidió vender sus extremidades como retazos de la memoria de aquel pueblo extinto, como reliquias. En el brazo derecho estaba el mito de origen de la cultura jázara. En el pie izquierdo, el relato de su extinción. En un muslo, la leyenda de los cazadores de sueños. En los testículos, el código penitenciario para los infractores. En los párpados, el nombre de los primeros fundadores. En la lengua, una fábula para los niños que decían mentiras.

XXXI.

Hay quien se tatúa el número de personas que ha matado
y quien se tatúa el nombre de sus hijos.
Los hijos y las muertes son irreversibles.

Los hijos quedan marcados en la piel,
en las estrías del parto que echó raíces
en el vientre, en las arrugas, en las ojeras de una noche en vela
cambiando el silencio de la casa por canciones de cuna.
Los muertos se marcan más allá de la piel, en lo profundo.
Agrietan el muro del alma.
Son tatuajes que hablan, son las voces que confundimos con los crujidos
de la habitación en la noche eterna del arrepentimiento.
Imposible desprender a los hijos y los muertos de la piel.
Tatuarse es renunciar al tiempo.
Una marca eterna dentro de un cuerpo finito.
Ni los hijos ni la muerte nos dan su perdón.

XXXII.

Tocan a la puerta.
¿Cuál es el problema?
No funciona el internet, tengo mis pagos al corriente,
hoy es viernes y los viernes hablo con mi hijo.
No tengo ningún mensaje de él, debe estar fallando el internet.
Arréglelo.

Por qué si hemos avanzado tanto

todavía no inventan una máquina para viajar a los recuerdos.

A quién le importa la cura para el cáncer.

Habrá cáncer mientras haya sangre, no hay vida sin recuerdos.

Miro al técnico.

Le señalo su lentitud, sus manos torpes, su ropa sucia,

como si eso fuera a apresurar el trabajo,

como si eso fuera a regresar el tiempo.

A veces no sé por qué digo esas cosas.

Alguien tiene que pagar. Y culpo al técnico por el progreso

con su módem, su *wifi* y su banda ancha.

Lo culpo a él por esta casa roída,

por los jarrones empolvados,

por los muebles sin usar, por el buzón sin cartas.

Lo culpo a él porque no hay nadie más a quien culpar.

Parece que aquí vive un fantasma.

Soy mi casa tomada

por el polvo que viene a sepultarme.

Soy mi casa embrujada.

XXXIII.

Te busco en la anatomía del mañana, madre.

Veo películas de ciencia ficción con futuros de catástrofe

para ver si te encuentro en el reparto,

para ver en qué momento del Futuro aparecen las madres holograma

o un chip que guarde tu alma.

Veo películas sobre el Futuro que me llevan al pasado,

a las últimas vacaciones en familia

cuando fuimos a la playa y le pregunté a papá cómo sería el Futuro

para dibujarlo sobre la arena con una ramita cercenada.

Papá no lo supo con certeza. Dijo que el Futuro es como un fantasma que no sabe que ha muerto. Confundido, dibujé un fantasmita sobre la arena,

de esos de sábana blanca.

Yo creía que los fantasmas eran hijos del pasado y de las casas embrujadas.

Y mi dibujo se va con la marea. El Futuro se va.

Papá creía que el Futuro tiene nuestra anatomía,

no podemos imaginar cosas que no se parezcan a nosotros, hijo.

No tenemos experiencia del mañana.

No sabemos si el sol saldrá mañana.

Lo imaginamos.

El Futuro no sabe que murió.

Lo dibujo sobre la arena,

una tumba, una silueta de tiza sobre el asfalto,

la escena del crimen,

y aparece la cara del fuego.

El Futuro llegó, una bomba cae en el océano y aprieto la mano de papá.

Las llamas rompen mis trazos. El fuego se desborda.

El mañana, el fuego indómito devora lo que ocurre.

Lo que *sucede* hacia otra cosa nunca vive. Arde.

Mi padre se parece al fuego. Imposible guardar en un abrazo

a los hombres en llamas. Imposible guardar al Futuro en un abrazo.

Quema. Se ha ido antes de tocarlo.

Según Demócrito, el fuego y el Futuro se parecen en que no tenemos ni puta

|idea de lo que son,

ni por qué se diluyen,

ni a dónde van después de arder en su grito.

Guardo la ceniza del Futuro, ceniza de los que se fueron,

ceniza de una playa calcinada

al final de la película,

todo vuelve a la tierra, todo vuelve a la boca de Dios.

Microquimerismo. "El tráfico de células transplacentario bidireccional madre-feto inicia en la segunda semana de gestación y se incrementa hacia el tercer trimestre; estas células alogénicas pueden persistir en el anfitrión por décadas". Microquimerismo. A menudo, puede afectar la salud de la mujer, los tumores pueden estar llenos de células fetales, lo que indica que éstas podrían contribuir a la aparición del cáncer. Cáncer. "Se divierte arrojando dardos a los ovarios tersos, a las vaginas mustias, a las ingles multitudinarias." Microquimerismo. Los males heredados en la sangre. Microquimerismo. "Qué don sirvió al antepasado y qué maldición legó al descendiente". Quimera. Hesiodo escribió que"la Hidra parió a la terrible, enorme, ágil y violenta Quimera, que exhala indómito fuego. Tres eran sus cabezas: una de león de encendidos ojos, otra de cabra y la tercera de serpiente, de violento dragón". Quimera. Se cree que este monstruo vagaba por las regiones de Asia Menor aterrorizando a las poblaciones, devorando rebaños enteros; de su unión con Ortro nacieron la Esfinge y los males del mundo. Microquimerismo. Puede producir enfermedades en el feto o en la madre como esclerodermia, artritis reumatoide, síndrome de Sjögren, esclerosis múltiple, alopecia areata, maldiciones, brujerías, trastornos obsesivos compulsivos, fantasmas y todos los males del mundo.

TODOS LOS MALES EL MAL

I.

El mal es una promesa de llanto.
El mal existe fuera de las novelas de Dostoievsky.
Los demonios y los curas onanistas existen bajo la misma noche estrellada
que cobija a buenos y malos. La misma Noche blanca.
El mal es una hiedra, crece y envuelve a los cuerpos,
se propaga por la sangre
de las maldiciones heredadas.
El mal tiene el color de la sangre. El mismo rubor.
Por Historia.
Por Herencia.
En los libros de Sade, en la calle nocturna
cuando Dios juega a no estar,
allí, cuando nadie me ve,
soy lo que todos:
hombres lobos del hombre.

Leer el periódico, las cabezas degolladas en los encabezados,
leer entre líneas que *Los demonios están aquí y que el infierno*
está vacío: "Niña de nueve años embarazada: acusan a las palomas
y al espíritu santo." Que nadie diga otra cosa.
Que nadie dude de las bendiciones de Dios.
Una vida es un regalo.
La vida es santa, excepto cuando ladra, dicen.

El mal es una máscara. Por debajo
está Pedro, Luis, Javier, Laura.
También los malos tienen derecho a la privacidad.
Dicen los abogados.
Dicen los dictadores de conciencias polarizadas.
Los malos son personas. Dice la constitución.
Los animales no son personas. Dice la constitución.
También los malos tienen un hogar, tienen hijos, mascotas, afición por la

jardinería,

son buenos vecinos:

sacan la basura a tiempo,

pintan su casa en primavera,

podan su césped,

saludan, dan los buenos días, dicen gracias y por favor,

pagan impuestos, tienen astigmatismo, siembran rosales en el jardín.

Las paredes oyen, las paredes saben el secreto de la malicia,

guardan el susurro oscuro del alma.

Casas embrujadas. Casas de asesinos seriales.

En alguna casa del vecindario habita un pirómano o un secuestrador; en otra viven el incesto y las malas palabras; padres que golpean a sus hijos; hijos sin padres, padres deshijados; divorcios; amor con cera caliente, látex, agujas, reproches y látigos; casas con cuentos de Quiroga en el librero, y otras, con hermanos que degüellan a sus hermanas menores; casas de onanistas o coleccionistas de mujeres; en algunas, no lo sé de cierto, hay quien mira en internet videos de gente descuartizada hasta conciliar el sueño; en alguna casa de la cuadra un perro abandonado aúlla de hambre, mientras en otra un gato trama el crimen perfecto contra su amo; personas en medio del flagelo, con biblia en mano, devolviendo su sangre a Cristo en nombre de todos los malos del mundo; casas donde ocurren novelas ejemplares que nadie leerá; en alguna casa un joven abogado toma el hacha y mata a una anciana usurera. Toc toc. ¿Quién es? El Utilitarismo. ¿Qué quiere? El mayor bien para el mayor número de personas: la vida de una usurera por la felicidad de sus deudores. En otra casa, no lo sé, una señora no entiende el chiste y abre la puerta sin fijarse. Las casas se hicieron para esconder la humanidad de los humanos, fumadores, racistas, ateos, personas en la impostura, tahúres, maniqueos y fantasmas de sábana.

El problema del mal es la propiedad privada, dijo Marx.

Lo malo sería el allanamiento del alma cuando está en la comodidad de su casa.

Lo malo sería que no se pueda pecar en la privacidad de una casa.

Lo malo sería que las casas hablaran.

El espanto.

II.

Madre. Disculpa que volviera sin avisar.

Afuera los males acechan. Los monstruos vienen por mí.

Dicen que les debo dinero, dicen que maté a una anciana usurera,

dicen que maté al tiempo,

y que el linchamiento es legal cuando nadie mira.

A pesar de los años de ausencia no nos vemos a los ojos. Frente a la ventana

observamos el vecindario, platicamos de las cosas sin solución.

El mundo. Los males. La ausencia del hijo.

La muerte de un hijo.

Digno hijo de mi madre. Tenemos la obsesión por sembrar una semilla,

rociarle un canto, amamantarla

y sentarnos a verla morir, florecer.

Para que una cosa sea otra tiene que dejar de ser, así es la vida, hijo.

Me recuerdas lo que ya está escrito.

Las palabras de Demócrito y la injusticia natural de las cosas.

Los padres se otoñan tarde o temprano. Se marchita el árbol genealógico

caen sus hojas secas sobre la banqueta,

no entendemos cómo funciona la vida.

Cómo surgen las cosas nacidas para el derrumbe.

No entendemos el mal en el mundo.

Por qué la vecina de enfrente murió pariendo al hijo

que hizo con el amor del matrimonio.

No entendemos los engranes del otoño, quién lo manda

matar el bosque, las mariposas, el tiempo veraniego.

¿En qué pensaba Dios cuando creó al otoño? ¿Por qué tanta crueldad contra

|los árboles?

¿Por qué desnudarlos en tiempos de frío? ¿Por qué secar sus hojas y hacerlas

caer para que los niños las aplasten frente a los ojos de los árboles?

¿Quién humilla así a un mutilado? Solo Dios.

No hay respeto por los muertos, dice mi madre.

Con rezos y plegarias no los dejamos dormir.

Desde el infierno golpean el suelo, dicen que ya no estemos chingando.

Que ya estamos grandecitos para hablar con amigos imaginarios.

Y los traemos de la tumba, creemos que son nuestros.

Por eso la naturaleza muerta, por eso los altares y los epitafios.

Unos aplastan hojas secas, otros siembran jardines venidos de semillas muertas.

–Es la última vez que te veo pateando las flores del jardín, ¿entendiste?

–Pero mamá, son plantas, no les duele.

III.

Hace tiempo que me fui de esta casa.

Hace tiempo hice las maletas y partí dejándote un recado en la mesa

de la boca de otro por mi boca:

Madre,

Una maleta es dejar atrás mi cuerpo.

Pienso, por ejemplo, en la maleta con la que el abuelo se fue para siempre

sin saber que se iba de mi abuela para siempre.

En la maleta que pateó mi padre

y que no cayó en el suelo

porque pesaba más que aquel divorcio.

En la maleta que soy cuando te ves con alguien.

César Cañedo

Adiós, mamá.

IV.

Volví después de largos años.

Años de aquí al mundo de los muertos.

Me cuentas las novedades del vecindario. Me cuentas el pasado.

La memoria encadenada a tus ojos. Lo que está en el ayer y traes a la palma

|de tu mano

para que no se escape. Parece que guardas una mariposa en la mano.

Una mariposa negra augura tiempos sombríos, decías,

presagio de muerte,

oráculo del fin de los tiempos.

También los humanos se otoñan.

Me cuentas que hace años murió la señora Silvia de la casa de enfrente.

Me cuentas que los niños del barrio golpean tu barandal con la pelota.

Son niños, eso hacen, aburrirse y golpear cosas, mamá.

Miro tu reflejo en la ventana y veo que el tiempo es un animal hambriento.

El tiempo anda suelto. El asesino.

Nada que esté sujeto al tiempo puede ser libre,

y sin embargo, el tiempo lo es:

ese misterio devora tu rostro.

Tu piel bosteza, te haces vieja y yo contigo.

Me pone triste tu alma antigua. Alma de árbol.

Árbol de Vida.

Árbol de una noche triste.

Árbol del Bien y del Mal.

Árbol de Bodhi.

De no ser por ti

Me habría colgado de las ramas

de una bugambilia

Me habría colgado de ti

Y me pone triste que el otoño te alcance.

Y tus hojas caigan

y aparezca el ahorcado en tus ojos. Un hijo.

Prometo bajar del nudo umbilical

y recoger tus hojas secas para armarte de nuevo.

Para que los niños no pisen tus manos, tus ojos, tus pies.

Miro por la ventana las calles de mi infancia: cada vez hay menos árboles

en el vecindario. Es que pusieron un nuevo paso a desnivel, dices,

los sacaron de la tierra para llevarlos a un asilo de ancianos. Dicen.

Extraño la sombra de los árboles.
Los hijos son así: viven a la sombra de los padres.
Llevo en la espalda tu oscuridad legada. Por eso no hablo mucho.
De mi boca solo escucharás penumbras. Frío.
Prefiero escucharte
cantar, crujir.

V.

Me cuentas que María, la vecina, murió el mes pasado.
Me cuentas que un día la viste en el mercado, sonriente,
seguía dando de comer a los perros callejeros,
y una semana después una ambulancia llegó a su casa.
La muerte no se mide en números. Por eso existe.
Murió la vecina.
Murió de tristeza cuando uno de sus hijos se quitó la vida.
Vinieron sus otros hijos al funeral menos el que es doctor.
Vive en España.
Se casó en Córdoba.
Tiene tres hijos.
No vino al funeral de su madre.

Yo no perdonaría que un hijo falte a mi funeral. Dices.
Volvería todas las noches a jalarle los pies. Dices.
Eso explica a los fantasmas. El llanto de los fantasmas.
Los hijos no saben cuidar un jardín, no entienden la edad de los árboles,
sus reumas, sus achaques,
los sacan de la tierra para ponerlos en macetas de barro, frías y recónditas,
para que alguien los cuide por ellos.
Eso explica los asilos de ancianos. El llanto de los ancianos.
Te miro. Me recuerdas a una paloma cansada, acostumbrada a la tierra.
Volar ya no es importante: son las reumas, las alas duelen
después de tantas millas de vuelo. Los años crujen.

Una paloma varada en la memoria de tiempos mejores.
También la memoria cansa. Dices.

Benditos los asnos que olvidan la carga del recuerdo
para cargar con la ligereza de su muerte.
Me preocupa que mi madre se convierta en una paloma
como aquellas de la plaza de armas,
con el pecho verdoso, recogiendo del suelo las migas de pan que arrojan los
|ancianos
hasta que llega un niño a apedrearlas.
–Aquel que no tenga el vuelo cansado que arroje la primera piedra.

VI.

Mamá dice que el mundo es un malentendido.
Mi madre se llama María,
a menudo la confunden con otra, tocan a su puerta
y encuentra una piedra sobre el tapete de Bienvenida.
Una piedra por cada día de la semana, los pecados capitales
en los lazos sanguíneos.
Las maldiciones que el antepasado legó al descendiente.
Lo escrito, escrito está.
Y a lavarse las manos,
que los niños jueguen con los demonios del padre,
como yo jugué con la onicofagia y el acné de mi madre.

Mi madre conoció al mundo cuando era un chiquillo huérfano.
A la deriva sideral.
Mi madre lo cargó en brazos para arrullarlo y contarle historias antes de dormir.
Historias de diluvios. Historias de Sodomas y Gomorras.
La Historia de los jázaros y las aventuras de Simbad el marino.
Vamos a la sala y me preguntas por mis amigos, por mi trabajo,
por el libro de poemas que lleva años inconcluso.

Me preguntas por la chica de lentes que vivía conmigo y se fue.
Hace tiempo que se casó.
Vive en Argentina.
Tiene dos hijos.
Es feliz a pesar de la memoria.
Me dijiste varias veces que ella se iría.
Yo no lo recuerdo, estaba enamorado.
–¿Cómo se llamaba la del cabello castaño?
–Carolina.
–Tampoco te convenía, muy flaca.
La casa queda en silencio. En silencio se hizo el tiempo.
Al fondo la manecilla del reloj marca el compás.
Aburrimiento: recuerdo del tiempo.
En silencio se hacen los malos pensamientos, decía mi abuela,
por eso nunca dejaba de hablar. Por eso hablaba hasta por los codos, dice mamá.
Hablaba para no escucharse los dolores, los pecados.
Hablaba de la cocina, del clima, de las reumas en sus alas de paloma cansada.
Hablaba para no oírse.

VII.

Cada cosa a su tiempo. Los hijos, la muerte.
Comienza a llover
Hablamos de la evanescencia de los humanos que no son como nosotros:
abismos, profundos.
Me preguntas si recuerdo a los soldaditos que se hacen
con la lluvia. Disparan y mueren al instante
los kamikazes de agua.
Sí, mamá, recuerdo.
Con la lluvia viene la nostalgia, gota a gota moja el alma
de los desconsolados. Un escalofrío me recorre la piel,
parece que vi un fantasma,
y me dices que me ponga el saco mientras preparas café.

No sabes que este frío viene de adentro.
Caminas con paso lento, arrastrando los pies como hacía la abuela
como un cometa filmado en blanco y negro.
Eres la historia descalza,
la justicia para los hambrientos, la paz, la mano de Dios, siempre lenta.
No es llanto lo que habito, es otra cosa, un cuerpo mojado de alma.
No me preguntes cómo es la vida después de la muerte.
No me culpes por el silencio humano ante las grandes preguntas de la vida.
No sé cómo reparar los males del mundo,
ni cómo detener el tiempo.

VIII.

Me atormenta el paso del tiempo,
querer matarlo y arrepentirme
y confesarme asesino,
muerto en vida, enterrado vivo
en cualquier reloj de arena.
Daría la vida por encontrar un confín inmune a los relojes.
Madre,
nunca supe cómo vivir,
cuando me quite la vida no habrá llanto ni canciones fúnebres.
Búscame en el lugar más apacible que me conozcas.
El día de mi muerte estaré viendo un partido de fútbol del equipo que me
                                                            |heredó mi padre
o leyendo *Los jardines que se bifurcan* en mis venas abiertas.
Dejaré *Exit music* de fondo,
un poema sobre la mesa,
todo lo mío que pueda llevarme al naufragio sin tiempo.
No te enfades conmigo, mamá.
Es que no soy de aquí.
Estaré bien.

No es la gran cosa. La gente muere a diario. No es el fin del mundo.

El cielo se derrumba y nadie hace nada,

en la casa de enfrente hay un perro abandonado,

aúlla de hambre y nadie hace nada.

Parece tan normal que caiga agua del cielo con tal estrépito y severidad,

parece tan normal que los malos ganen,

parece tan normal que nos hagamos viejos.

El agua inunda los contornos. Los árboles soportan la vorágine

sin caer, no hay mejores soldados,

los humanos van de verde a la guerra,

para mantenerse firmes a pesar de las balas, a pesar de matar.

Vuelves de la cocina. Mi café no es café, solo es agua caliente.

Ya olvidaste cómo preparar el café.

Ya olvidaste mi nombre.

IX.

El problema del mal es que sucede.

El mal es una ficción, dicen los creyentes del libre albedrío.

Y pasa que "Mueren diecisiete personas en un atentado terrorista."

Pasa que "En California, una pareja asesina a su hijo porque no dejaba de
|llorar".

Pasa el tiempo y nadie hace nada.

Pasa el peor de los males: el movimiento.

La traslación de un punto a otro, del amor al odio.

Pasa que "Nueve mujeres mueren al día asesinadas por sus esposos, novios,
|amantes"

Todo pasa menos la caducidad del tiempo.

Me preguntas por quién reemplazará los pasos del hombre en la tierra

cuando la humanidad se mude a otro planeta.

¿Cuál será el campo de batalla entre el diablo y Dios?

¿Quiénes serán los nuevos filósofos diciendo que el mundo es una manzana mentirosa reflejo de una manzana más dulce?

¿Quién será Jesús? ¿Quién dará su cuerpo por nosotros?

¿Quién nos amará como ama una madre, con todo el dolor y toda la sangre? No lo sé, mamá

X.

EL MAL: Yo no fui, lo juro por Dios.

CIENTÍFICO: No podemos culpar al terremoto por tantas víctimas, sería inaudito. Los terremotos no tienen la culpa de comportarse como terremotos.

VOLTAIRE: Las placas tectónicas son las principales sospechosas de este crimen, pudieron haber tramado el terremoto desde hace años, esperaron a que todos se durmieron y ¡zaz! ¡Cobardes!

JUEZ: ¡Orden en la sala!

LEIBNIZ: Tal vez las placas sean culpables de las muertes, pero pudo ser peor, este terremoto fue el mejor escenario posible en el mejor de los mundos posibles.

ABOGADO DEFENSOR: Las placas tectónicas solo siguen órdenes, hay que ir detrás del autor intelectual de esta tragedia.

EL MAL: A mí ni me vean, yo solo iba pasando por ahí.

SACERDOTE: A mí tampoco, Dios no lastima a sus hijos por voluntad.

ABOGADO DEFENSOR: ¿Y el diluvio universal?

SACERDOTE: Ese fue otro Dios. Uno muy visceral.

ABOGADO DEFENSOR: Los testigos afirman que vieron a un anciano de barba blanca merodear por el lugar de los hechos.

SACERDOTE: ¡Blasfemo!

JUEZ: ¡Orden! ¡Orden!

VOLTAIRE: Yo también lo vi, huyó a bordo de un patín del diablo.

SACERDOTE: ¡Hereje maldito! ¡Anatema!

JUEZ: ¡Orden! ¡Orden! ¿Usted que vio?

EL MAL: Yo estaba viendo para otro lado cuando todo pasó.

JUEZ: Que pase el siguiente testigo. Tiene la palabra.

RUFUS T. FIREFLY: Es muy sencillo, Él crea los peligros de los que nos protege.

XI.

Camino por la casa como si rondara otro planeta. Hace siglos, milenios,
millones de años luz que no pasaba por aquí.
La muerte es el planeta más lejano de la galaxia.
Caronte dirige la nave espacial hacia el inframundo.
Vuelvo después de muchos años. Vuelvo al vecindario que me vio crecer.
Y los recuerdos de otro suceden en mi cabeza.
¿Qué es el río de la estirpe sino la resonancia de la memoria infinita?
Microquimerismo: La fuente de la vida eterna.

Miro el vecindario a través de los recuerdos de mi madre, de su nostalgia,
entre suspiros. Siempre vivió suspirando por Comala,
por el retorno.
Se la llevó una ambulancia y jamás volvió. Ahora yo
vengo en su lugar. *Traigo los ojos con que ella miró estas cosas,*
porque me dio sus ojos para ver,
para no repetir la historia,
para leer el instructivo sobre cómo ser árbol. Supiste otoñarte
antes de que el invierno te helara la piel.
Hablas en mi corazón. Como si un chip inteligente guardara tu alma
y lo pudiera insertar en mi pecho. El Futuro llegó, mamá.
No estuviste aquí para verlo.
Hablas en mi corazón. Hablo y la mariposa negra sale por mi boca.
(*Yo soy inmenso...*
y contengo multitudes.)
Dentro de mí está la cirrosis del abuelo Salvador.
El llanto de mi abuela Dolores.
La onicofagia de mi madre. La migraña.
La red para pescar de mi padre. Las historias de incautos navegantes.
La tristeza crónica de mi hermana.
El mismo equipo de fútbol,
la receta para el mole negro,
los demonios heredados.

XII.

El mal es una promesa de llanto.
El mal es una capilla blanca donde confesar las flaquezas de la carne
al cura que come cerdo en salsa roja todos los días.
El mal es un predicador que niega la existencia terrenal y tiene lombrices en
|la barriga.
El mal es una piscina vacía a punto del acto final.
El mal es un dios roncando durante el crimen nocturno.
El mal es esconder los ojos del ciego dentro de la boca del mudo.
El mal es blandir la espada en el pecho de los malos en nombre del bien.
El mal es una cárcel donde los cuerpos olvidan la simetría de un beso.
El mal es el castigo justo, dice el retribucionismo.
El mal es lo que pasa afuera mientras uno hace poemas en casa. El mal es saber
lo que es el mal y no hacer nada al respecto.
Todos los males el mal.

XIII.

El mal se levanta muy temprano todos los domingos: toma una ducha, se pone
un traje gris, anuda su corbata, se peina, da el último sorbo a su café y sale de
casa. No se lava los dientes porque es un chico malo. Apenas clarea el cielo,
la ciudad duerme como cualquier domingo a las siete de la mañana. Camina
por la calle y llega a una casa con barandal negro y un perro atado por el
cuello. Toca el timbre. El perro ladra descontrolado. Nadie responde. Toca el
timbre otra vez. Mismo resultado. Toca una y otra y otra vez. Adentro, un tes-
tigo de Jehová se levanta de mal humor y con el cabello enmarañado; camina
adormilado, se golpea el dedo chiquito del pie con un mueble de la sala. Grita
y maldice. Abre la puerta enfadado. Amenaza a su perro con una escoba. El
perro sabe que no bromea y se hace ovillo en el suelo. ¡¿Qué quiere?! Buenos
días, ¿tiene tiempo para hablar de nuestro señor Satanás?
El castigo divino. El ojo por ojo.

XIV.

Hoy te veo después de largos años y cenamos en silencio.

Nunca quitaste mi plato de la mesa,

echó raíces,

creció una jacaranda sobre mi plato

y un ahorcado en su rama.

Hace años que tus hijos se fueron, la casa no ha cambiado.

Una casa pequeña. Fruto de los años

y el trabajo.

Fruto de tus manos cuarteadas.

Raíces.

No hay lugar para un piano blanco.

No hay lugar para libros, no los necesitas

si eres el primer olor a tierra mojada de la Historia,

si conoces la muerte del tiempo,

si lo cargaste en brazos cuando era un chiquillo.

Hoy te visito después de muchos años.

La casa es un concierto de cubiertos arañando la porcelana.

Miro la salita:

el paisaje de cortinas roídas por el abandono

floreros marchitos,

portarretratos,

el polvo amargo que cubre las molduras

y me pone triste hasta la muerte el ostracismo impune donde te dejamos

nosotros los ausentes

me pone triste,

blanco hasta los huesos,

soy un fantasma de sábana de veras triste

merodeando la casa en ruinas que es mi madre.

Me quiero matar contigo detrás de estos muros y que nadie en el vecindario

| se entere.

Ellos estarán viendo la televisión,

haciendo el amor, comiendo un banquete de carnes rojas.

Ellos, los que aman, miran y comen, y besan a sus hijos y matan animales rojos,

ellos, no saben que afuera el mal existe.

Vamos a matarnos, madre,

porque en algún lugar de este mundo los cerdos lloran de miedo cuando están

|por degollarlos.

Vamos a matarnos para nunca más comprar carne roja en el supermercado

: todo lo malo es rojo.

No quiero comer animales de ningún color.

¿De qué color es el llanto de los animales?

Vamos a lavarnos las manos del mal en el mundo

con las aguas de la muerte anónima.

Así en silencio, vamos a matarnos,

toma tu tenedor y yo el mío y vamos a clavarlo donde mate.

Nadie se enterará, nadie nota los grandes actos de bondad.

Nadie hace nada.

Afuera un perro abandonado aúlla de hambre y yo hago poemas.

XV.

Nos sentamos en la mesa a cenar y el silencio nos amordaza.

No me atrevo a pedirte que te mates conmigo.

Cómo matar tu muerte.

Ayer un niño descalzo vino hacia mí para pedirme una moneda.

Ayer un perro me siguió hasta mi casa con los ojos hambrientos y la pata rota.

Ayer murió mamá.

Vine después de tantos años para preguntarte: ¿por qué pasan cosas

malas en el mundo, mamá?

Y no sé cómo empezar, no podría causarte más dolores

además de la muerte que te asiste.

Y cenamos en silencio después de tantos años.

La muerte como el mal
es un árbol de sangre en las venas
y te pregunto, ¿quién nos sembró el corazón en el pecho?
Semilla roja
cuna de los males:
el amor, la guerra, el recuerdo.

El Microquimerismo es un fenómeno biológico con el que los humanos han evolucionado desde antes de ser humanos, dice Melissa Sayres. Microquimerismo. En la madre, "las células quiméricas pueden favorecer la supervivencia y el menor envejecimiento porque se comportan como células madres y pueden reemplazar los nichos dañados por el envejecimiento o la enfermedad". Microquimerismo. Almanaque de pequeñas quimeras. Quimera. Proviene del griego *Khímaira* que significa 'animal fabuloso'. Mi padre era un animal fabuloso, una criatura fantástica de los libros antiguos. Microquimerismo. Las células de los hijos varones tienen una alta presencia y efecto en el cuerpo de su madre durante el embarazo, de esta manera, el hijo puede, de algún modo, coaccionar a su madre para que le proporcione mayores recursos durante la gestación; las células fetales pueden servirles a los hijos para manipular a sus madres, dice Melisa Sayres. Los hombres son así, toman el cuerpo de la mujer con la licencia de la biología. Microquimerismo. Después del parto, la madre expulsa la mayor cantidad de células ajenas, pero las que no son eliminadas se arraigan en ambos cuerpos, en tejidos y órganos como: médula ósea, páncreas, pulmón, corazón, riñón, cerebro, ovarios, testículos o hígado. Todavía habito el cuerpo de mi madre, la condena no termina, así somos los hombres. Así era tu padre, mi mamá decía.

PADRE

I.

Padre,
me enseñaste de jardinería, me enseñaste a cambiar una llanta
y tu música favorita. Tus discos de David Bowie.
The Cure. Pink Floyd. Nick Cave. José Alfredo.
Hoy tengo la edad de Bowie cuando dio a luz a *Hunky Dory*,
y aunque no he parido a mi Hunky Dory
sigo llorando en el cine
en las películas donde los padres se van.
Hay tumbas más profundas que el silencio,
padres callados como un reloj sin pila: por siempre un tiempo inválido.
Me mostraste a Bowie cuando salió en la televisión. Me pusiste todos sus discos.
Un padre hace un hijo a su imagen y semejanza.
Y odié que lo amaras tanto. Más que a mí.
Me parezco a Bowie en el cuerpo flaco y en los colores del alma. Mírame.
Escúchame como escuchabas tus discos los domingo por la tarde.
Bowie era muy joven cuando parió una mujer sobre su cuerpo.
Yo aún no tengo el fértil amor a mi reflejo
para sembrarme siquiera un tulipán en el pecho.
Fuiste tú quien me habló de Ziggy Stardust y de las arañas de Marte.
El primer CD que llegó a mis manos,
desde entonces imagino ser un cometa
extranjero en tierra firme.
Sigo siendo el joven que va solo al teatro
vistiendo el abrigo negro que no te llevaste.

El mundo se nos acaba. Remojamos el mundo en un vaso de leche.
Se desmoronan sus chispas de chocolate. Sus países, sus capitales.
Qué pronto se hace de noche, qué pronto se vacía el mundo de historias.
En el Futuro no tendrá sentido ir al teatro.
Todos los dramas del mundo irán al mar radioactivo del Apocalipsis. ¿Para qué?
¿Para qué la ficción cuando el fuego nos abrace?
Como un padre, como un hijo.

Las historias serán otras cuando la tierra nos trague para mostrarnos sus huesos,
un corazón roto
y quemado, y no las tonterías que vemos en el cine, en el teatro.
Padre,
se nos acaban los dramas, las historias
sobre hombres que parieron jardines.
Hombres que se parecen a Bowie.

II.

La primera vez que usé un martillo me golpeé el pulgar
y dijiste que nunca podría construir una casa. Te equivocaste.
Un hogar comienza por el jardín: un rosal, crisantemos blancos, un árbol
que dé sombra en el verano.
Un hogar comienza con las flores, por los pétalos aprendemos las tonalidades
| de la vida.
La vida jovial en rosa,
la espina roja en el dedo, la sangre, los males inmerecidos.
Fui jardinero antes que hombre.
Fui padre antes que hijo: sembré un frijol en el ombligo de papá
para ver si nacía un árbol donde colgar un columpio,
donde colgar al ahorcado.
Embaracé a mi padre, pero él no lo sabe. Estaba dormido.
Soñaba con Simbad, con un bote mar adentro.

Un padre es la totalidad de sus hojas secas.
Un padre se mide en kilómetros de frío.
Un padre se hace con el tiempo, con recortes de periódico y engrudo.
Los padres se parecen a los noticieros nocturnos: lentos, con la severidad
| aburrida,
parece que nos mienten, detrás del saco y la corbata del presentador,
del hombre moderno, pulcro y siniestro,
un monstruo de mil cabezas.

Recuerdo las noches viendo la televisión con mi padre.
Los domingos viendo el fútbol.
Lo que él llamaba pasar tiempo en familia.
Matar el tiempo en familia.
Aquella tarde que perdimos la semifinal 4-3
y aprendí a amar los colores que amabas, a odiar a los rivales con el corazón.

Los padres no tuvieron padres, tuvieron hambre y guerras por trigales.
Los padres no fueron hijos, fueron jardines venidos de semillas muertas.
Mi padre y mi madre peleaban todos los domingos,
al choque de sus espadas, una centella
que incendió el campo seco:
la vida, capricho de los cuerpos,
más guerra que triunfo del amor.
Pocos hombres fueron cerilla del amor quemado, antes,
ardiente y próspero, voraz hacia la muerte.
Con qué decoro y rigor
un padre exhuma a los muertos para armar un hijo
para verlo andar, como el monstruo de Frankenstein,
carne de aquí, carne de allá.
El primer hombre fruto del amor.

III.

Hay hombres que nunca conocieron el amor.
Hay hombres que aman demasiado
tanto que se hacen pescadores de ballenas,
con el dolor de su corazón salen a matar para alimentar a los suyos.
Hay hombres que lloran cuando matan.
Hay hombres que aman en silencio. Precisan la paz,
mueren despacio para que nadie los moleste.
Hay hombres como Zeus,
parricidas,

padre de todos los relámpagos reacios al mutismo
de la noche que cae con el telón.

IV.

Mi problema de calvicie es fácil de explicar.
Tengo un padre, todos tienen uno.
Los hijos de Cristo también son calvos,
miopes, miran el mundo a través de un cristal borroso.
Miran al mundo como a un hermano bastardo.

Los hijos de Cristo buscan al Padre por todos lados: alzan la vista
y cegados por la Inmensidad, preguntan por qué se esconde detrás del sol.
Por qué el *diseño inteligente* no incluye gafas de sol en los ojos.
Por qué juega a las escondidas, por qué nos ha abandonado.
No aparece el dios forajido. El papá que fue por cigarros.
Lo buscan en los andrajos del pordiosero del parque.
Buscan al Padre en la copa de vino desbordada:
en las venas abiertas de un niño.

La sangre llama a la sangre.
La sangre de los pobres, dulce, inmaculada, adereza todas las fiestas
desde el Coliseo hasta la Nota Roja de hoy.
De niño supe que Cristo tiene una obsesión por la sangre.
Un Transtorno Obsesivo Compulsivo por sangrar
a cántaros, a raudal.
Cristo fue el primer hombre rojo,
Cristo haría bien de mujer, de soldado de la URSS.

Desde niño me dan miedo las iglesias,
entrar a la casa de Dios
y al centro de la ceremonia
un hombre cubierto de sangre te mira fijamente.

Mira dentro de mi alma.

Cristo es todo lo que se escurre entre los dedos: el rostro de papá, el otoño
y la salud de los enfermos.

Cristo también es mi padre. Prefirió partir el tiempo
antes que un pastel el día de mi cumpleaños.
Cristo me heredó la tristeza como ensayo de la muerte. Su fobia a la lepra.
Mi familia dice que cuando me sube la sangre al rostro me parezco a mi
padre.
Mi parentesco con el color rojo,
mis lazos sanguíneos
con los atardeceres de Aguascalientes. Mi corazón rojo
en las palmas de Cristo, estigmas de Dios.

¿Qué amarran los lazos sanguíneos?
Destinos, cicatrices, calles comunes.

La sangre llama a mi puerta
y me da por comerme las uñas,
por limpiar hasta el último rincón de la casa,
hasta la última mancha; me sudan las manos si Cristo toca a mi puerta
y pone su cara de Trastorno Obsesivo Compulsivo.

Toc Toc

Toc Toc

¿Quién es?
Cristo.
¿Qué quiere?
La salud de los enfermos.
Me miro al espejo.
Reviso que mi camisa no tenga ni una arruga. Ni un hilito suelto.
Abro la puerta y me encuentra hecho una urdimbre de manías.

Tiemblo. Sudo.
Yo no soy digno de que entres en mi casa,
pero una palabra tuya bastará para el temor y el temblor.
Me convulsiono,
bailo alrededor de la hoguera que es mi cuerpo embadurnado de huracanes.
En mi familia todos fueron bailarines.
En las fotos familiares nunca faltaron la abuela, el tío Javier, mi madre, mi
|padre y la epilepsia.
Yo tampoco *acepto a un dios que no sea capaz de bailar.*
El padre del dolor toca a mi puerta, los asuntos de familia
vienen por el cabello que me queda.

Toca a la puerta el **ADN** de Cristo. Trae un testamento.
A ti, te dejo mi fobia a los desiertos.
Para ti mi amor a las guerras que fincan la paz de las iglesias.
Para ti mi receta de pescado a la plancha.
Para ti mi envidia a la primavera cuando se cuela por los genitales
y florece el amor a la carne.
Firma. Cristo.

Todo esto es mío, herencia de la sangre.
La historia de mi calvicie.

V.

Microquimerismo. Si la semilla muere nace un árbol genealógico, si no muere sola se queda sobre la tierra, sola se seca, dice el Evangelio de San Juan por las mutaciones de mi boca. De la semilla muerta brotan ríos que se bifurcan en otros ríos; la semilla se abre como la mujer que echa raíces. El cigoto se fractura, comienza la embriogénesis, células que se multiplican hasta formar la carne y el hueso del hombre, el alma y los pecados del hombre. Semillas, células. Nadie se detiene a pensar que poner una semilla en tierra, rociarle un canto y verla florecer es en realidad un ritual fúnebre, un culto al amor por la muerte. Los jardines plantan su hermosura sobre un cementerio de semillas degolladas. Todo ser implica una injusticia. Por fuerza, *para que una cosa sea otra tiene que dejar de ser.* Dijo Demócrito. Todo seguir adelante es un dejar atrás. Brota un árbol de las entrañas de la semilla que asesina. Brota un hijo. Al final, el árbol genealógico volverá a la tierra cuando lleguen los tiempos de paz, sin muerte ni asesinos, cuando el último descendiente no quiere enterrar más semillas en jardines, en fosas comunes.

VI.

Imagine también una obra platónica, hereditaria, transmitida de padre a hijo, en la que cada nuevo individuo agregara un capítulo o corrigiera con piadoso cuidado la página de los mayores. En aquel mundo posible, onírico, perfecto en el arte de hacer memoria, todo hombre y toda mujer serían, por condena, por tradición, escritores. Por honrar a sus antepasados se instruirían en la palabra para no dejar morir la herencia de su sangre. La voz de la familia, sus ecos y resonancias. Cada hijo cargaría con la enfermedad transmitida generación por generación, de perpetuar la memoria por escrito. Aquella obra milenaria, testiga de los pasos de una estirpe que no cesa de ramificarse, sería también, un tratado ético, similar al que Aristóteles legó a Nicómaco para que condujera su vida librándose de los tropiezos del padre. Al fin y al cabo, el verdadero sentido de las ruinas no es devolvernos al pasado, sino librarnos de él. Cada individuo que escribiera en la obra familiar estaría obligado a imprimir en su página de vida, cada vivencia, cada error, pena o alegría, con lujo de detalle. Así las generaciones venideras levantarían sus casas en tierra firme, así continuarían el camino de la sangre con una muleta, con una prótesis, un árbol genealógico como un lugar seguro donde posar sus nidos. Tal vez por eso las ramas y las raíces tienen la misma construcción lógica a pesar de ubicarse en diferentes extremos del árbol. Las raíces y las ramas se extienden torcidas. Padres e hijos. Espejos encontrados. De tal palo tal astilla, decía mi abuela. Consignas, fantasmas, maldiciones heredadas. Nadie escapa del origen, de la marca de nacimiento en la pata rajada. La vida es una raíz camino a volverse rama, el constante trazo de la turbulencia, la vida convulsa, multiforme, nunca lineal. Nunca dejamos de ser raíz, cuando nos miramos al espejo y vemos la alopecia de papá, o cuando un amigo nos dice "tienes los ojos de tu madre." No conocemos la inmortalidad y sin embargo, la ostentamos, caminamos de la ruina a la ruina por defecto natural del polvo. La materia no se crea ni se destruye. Dice la ciencia. El rumor de lo que dijeron otros. Levantamos casas, templos, torres, estatuas, con nuestra parte de escombro. Escribiendo la historia de nuestra vida nos haríamos cada día mejores escritores de nuestro propio personaje, conscientes de la polifonía que nos compone.

VII.

La edad y los números, recipientes de la muerte.
Un año, un pastel de cumpleaños
una caja de madera
donde meter las extremidades de la muerte.

La edad es un vertedero de cuerpos deshabitados.
La edad refleja las flores cortadas,
recuerdos de lo sembrado,
de lo arrancado.

De la edad tenemos el nombre.
Del pecado tenemos su apellido.
Los padres del tiempo también fueron huérfanos.

VIII.

Si no fuera por Nicómaco
Aristóteles hubiese clavado un letrero en su frente que dijera:
"Aquí termina la franquicia"

IX.

Vine a Comala porque me dijeron que acá vivía mi padre, un tal Pedro Páramo. Me lo dijo mi madre. Pero al llegar al pueblo, sólo encontré un monstruo gris y gigante, un montón de humo de cuyos tentáculos brotaban más tentáculos hasta el infinito. Un árbol que se bifurca en varios caminos, tantos como las ramas que crecen de sus ramas. En Comala, las calles forman una urdimbre de ríos haciendo un mapa. Siguiendo las cicatrices de la memoria, encontré a todos mis hermanos, hijos todos de la misma nostalgia. Hijos del mismo padre que murió a propósito porque le aburrían las canciones de cuna.

Los fantasmas que en mí habitan, son como los de Pedro Páramo. Kenzaburo Oé

X.

La culpa es mía, siempre supe que la sangre es una promesa de males futuros. Y aun así caí. Debí construirme mi propio útero, sin sangre menstrual, sin dolor, debí pedirle a Dios que me volviera un andrógino antes que aceptar a una mujer de mi costilla. El problema de los hombres es que vienen del útero de una mujer y muy pronto aprenden el color de la sangre, muy pronto los hermanos aprenden el duelo por ver quién es el bien amado. Pronto, los hombres matan por el amor de una madre. La sangre de Caín también es mi sangre. También la tuya.

XI.

A ti, mi Dios, a ti que decidiste llamarme Job, te entrego a mis hijos. A ti Padre, a ti que dudas de mi fe, a ti que prefieres jugar a la baraja con los hilos del futuro en vez de remendar el mal de los corazones rojos. A ti que no te conozco si no es por el cierzo que mece las hojas de los árboles. No tienes rostro, pero conozco el parpadeo de tus ojos con el suave aleteo del mar. Estás aquí, eres todo al mismo tiempo. Eres la tarde en familia cuando hacemos barbacoa al sol. Eres el cordero que sacrificamos en tu Nombre. Me prestaste una familia y ahora te la devuelvo, a ti que en sueños te me apareces como un dócil cachorro de tigre que bebe la sangre de mis hijos. Engulle la sangre de mi progenie como prueba de mi lealtad. A ti, mi Dios, a ti, mi Padre.

XII.

Mi padre es una casa
con la hierba crecida y desperfectos.
Su hambre tiene las manos hinchadas
que renunciaron a la medicina.
Los ladrillos caídos
como se le caen a mi padre
las promesas y el pelo
por un mejor trabajo,
así como cae también la firmeza de mi madre.

César Cañedo.

XIII.

Padre,
perdón por la luz encendida en mi alcoba hasta muy noche,
busco la cicatriz del poema
entre libros y papeles y garabatos.
Hice de mi habitación un laberinto de poemas, donde cualquiera podría perderse.
Por eso no me encuentras.
Nunca lo hiciste.
Ya no sé dónde comienza el poema y dónde termina mi memoria,
dónde el poema ya es relato.
Yo no sé de poetas, más que el silencio.
Perdona si me perdí en el laberinto de mis ambiciones literarias

y nunca fui poeta

y no estuve en los funerales de mamá.

Perdona si me perdí la cena familiar por estar tramando revoluciones en Marte,

urdiendo la ciudad de las quimeras

donde los cuerpos se aman sin saber que son cuerpos

sin acné

sin caries.

Hijo, los hombres no le dan tantas vueltas a las cosas,

los hombres no piensan demasiado.

Para levantar una casa basta con poner ladrillo sobre ladrillo.

Los hombres que piensan demasiado se hacen blandos, se dejan penetrar

por los misterios del mundo.

Un hombre que piensa demasiado es una mujer.

XIV.

Tomo el teléfono para contarte qué fue de mi vida.

Nunca terminé las clases de piano.

Todavía le voy a los Azules, todavía soy Defensa Central.

Nunca supe cómo talar un árbol para hacer leña. Nunca aprendí a matar,

más que a los del equipo rival.

¿Te acuerdas?

Hace tiempo fuimos a la playa en invierno:

en invierno las gaviotas parecen ópalos blanquiazules, dijo mamá,

ópalos que se estrellan contra el mar y vuelven con la espuma.

Yo te dije que no pisaras a las gaviotas y no me hiciste caso.

Dijiste que las mujeres inventan cada cosa.

Tú te sentaste en la arena a beber una cerveza en silencio y te amé

como un niño ama a un tótem gigante.

Miraba tu espalda de dios griego, solitario, inmune a los rayos del sol.

Un Atlas cargando el peso de los años. Una familia.

Recuerdo el vaivén de gaviotas mojándote los pies.

Tomo el teléfono para contarte mi vida,
verás que sigo teniendo gaviotas por conversaciones.

Aquel invierno, con la mirada ahogada en el horizonte,
te pregunté dónde terminaba el mar y dijiste que no lo sabías,
que el mar era más grande que tus ojos.
No creí que para ti hubiera imposibles, tú tampoco lo creías,
y nos pusimos tristes por tu derrota
por la derrota de la estirpe.
El ojo humano no abarca lo sublime, el nombre de Dios,
los colores del abandono. Un padre no sabe vivir con la derrota.
Y te fuiste nadando para saber dónde terminaba el mar,
dónde comenzaba el Apocalipsis.
El mar termina donde comienza la muerte de los barcos.
Donde comienza la muerte del ahogado, estatua de sal.
El sol estaba por hundirse, caía la tarde y no regresabas.
Ese día me quedé solo, a la orilla del mar,
esperando al padre que fue a reparar su barco de sol,
cayó la tarde y supe que el mar te devoraría,
sin tregua, sin despedida,
cayó la bomba nuclear y no encontré tu mano.
Por eso me hice una memoria de anécdotas inventadas,
un almanaque de quimeras varias,
batallas donde siempre eras tú el que ganaba,
para recordarte un héroe,
mío, estatua de sal.
Cuelgas el teléfono.

XV.

Te recuerdo turbio, mar de tiburones, extraño al sosiego.
Te recuerdo borrasca de colores amargos.
La muerte de los barcos comienza donde termina el canto de las sirenas

y todo se hace oscuro de pronto. Tú que cruzaste los siete mares lo sabías todo.

Me dijiste que aquellos que mueren en el mar van a la Atlántida,

nadie la ha visto,

pero saben que está allí

en lo profundo del mar,

en el murmullo de las olas,

en el diario de Simbad.

Papá,

te recuerdo mar echado hacia el frente, a punto del rugido.

Un día mi padre hizo un barco con toda la sal del mar. Le dije a todos en la

|escuela.

Mi padre se parece al mar por su abrazo de ola desbocada

que te derrumba en la arena,

un abrazo y parte como la espuma en fuga, como gaviotas escurridizas.

El agua también se desbordaría de la palabra mar

como el alma se desborda de los cuerpos.

El mar nunca supo cómo ser padre del mundo, nunca aprendió a cuidar a

| sus hijos

si no es guardándolos en su hocico afilado, no sabe,

el mar no entiende otras maneras del amor.

El amor como herida lo aprendimos del mar.

No te culpo.

Nadie nace sabiendo ser padre.

XVI.

Instrucciones para ser papá.

Destape una cerveza. Tome un martillo y busque clavos sueltos por toda la casa. Frunza el ceño en cada paso seguro de su empresa. No hable, eduque con el dedo firme. Castigue con la indiferencia. Hable de las cosas serias en broma o no hable definitivamente. Elija un domingo del mes para enseñar a su hijo a conducir el auto. Guarde el llanto para ocasiones especiales; si la tristeza es muy honda, insoportable, compre una corbata que le combine con su dolor. Su amor será proporcional a la cantidad de arañitas que mate en la casa. Ante un silencio muy largo e incómodo, los eructos son una buena ruta de salida. Los chistes. Las novedades del fútbol.

XVII.

Recuerdo el rostro de mi padre como una espiral de ensoñaciones.
Dicen los científicos que así luce el ADN.
Entramado de ayeres.

Te soñé oso pardo, soñé una casa con tu pelaje.
Te soñé isla desierta, incauta, de viaje hacia el trópico.
Despreocupado por arruinar los mapas del mundo.
Recuerdo nuestra casa:
océano de islas
prófugas del calor.

Recuerdo tu rostro a veces triste, allí,
varado en el sofá,
barco hundido.

Eras una vela encendida en el centro de la casa grande. Un faro en la penumbra
cuando mamá hacía de sargento
y nos hacíamos los muertos para que no nos viera.
Una vela disipando la noche baldía.
Una miga de luz contra la oscuridad sin madre.
Jamás me regañaste por cortarle las alas a una mariposa,
decías que la maldad era un espejo para conocernos mejor
para mirarnos solos y ruines
y reconocer el espanto de las propias acciones
y aprender y no volver a hacerlo.

Nunca una falta fue tan grave para ti.

Ante mis crímenes de niño tus ojos altares a la misericordia.

Te recuerdo jardín humeante cada que encendías un cigarrillo.

El jardín se fue con el viento. Los jardines humeantes son ilusión,

tiempo al vuelo. No puedes abrazar el humo.

Un padre es una flor que se enraíza y se esfuma.

Lo mismo que el ocaso yéndose a cada instante.

Mi padre era el crepúsculo,

camino a la noche súbita, verdaderamente noche aplazada.

Nunca estuvo aquí.

XVIII.

Verás que sigo teniendo gaviotas por conversaciones,

que sufro en la quietud de los parques

cuando los niños se raspan las rodillas

y lloran

y no entienden cómo funcionan

los dolores del mundo.

Todos hechos del mismo árbol. Madera quemada.

Venimos del cadáver por generación espontánea.

El llanto de los niños es mi llanto,

el llanto de los animales desollados, el llanto de las madres deshijadas.

Microquimerismo. Células de otros habitando mi cuerpo, dolores ajenos.

La edad del universo. La caducidad.

Verás, no he cambiado mucho.

Todavía hago poemas del hambre si escribo jaurías de perros callejeros.

Te dirán que todavía le pongo nombre a los ahorcados que cuelgan de los
|puentes peatonales

para sentirlos de mi familia,

para sentir que tengo un padre.

Te dirán que me gusta ir al cine por la oscuridad comprada.
Te dirán que en cada fiesta familiar hago chistes sobre las lombrices en el
                                         |estómago del Papa,
porque si algo tiene Futuro en mí,
es la risa que me da el progreso haciendo rascacielos desde donde la gente
                                         |puede suicidarse.

Quiero hablarte del progreso, papá:
todo crece menos los árboles,
las familias crecen hacia abajo,
hacia la patria de la semilla
que dio a luz un árbol genealógico
y murió en el parto.
Como mamá. Papá dice.

Ya nadie quiere tener hijos.
Dice mi madre. Dice mi padre.
Ya nadie tiene amor por la sangre.
Afortunadamente, padre.
Nuestro árbol genealógico no llegará al invierno,
salió de su crisálida y voló.

Quiero hablarte de los viajes en el tiempo, de las naves espaciales,
de las bombas nucleares en HD que caen y explotan
y matan y parecen un concierto de rock and roll,
parecen el maquillaje de Ziggy Stardust.
Verás que las ciudades subieron al espacio en mil pedazos.
Tomo el teléfono para contarte qué fue de mi vida
y afuera caen las bombas.
Te llamo para decirte que no te preocupes si de artista solo tengo el llanto
y el sombrero negro de prestidigitador.
No te preocupes por el fantasma de tus nietos
en tierra nuclear solo sembramos cadáveres,
germina lenta

una semilla como una hidra de mil cabezas,
muerta florece
bajo la tierra se bifurca en secreto
la flor de la sangre.
El corazón.

Microquimerismo. Conjunto de células, recuerdos, relatos e información genética habitando un cuerpo ajeno, huésped. Microquimerismo. Las células que cruzan barreras placentarias ingresan al cuerpo del anfitrión y viajan por los vasos sanguíneos. Lazos sanguíneos. La sangre que ramifica y se hace camino. Microquimerismo. Los estudios con ratas muestran que las células fetales que terminan en el corazón pasan a formar parte del tejido cardiaco, se convierten en células de un corazón que late, dice J. Lee Nelson. Corazón. Punto de encuentro, punto de partida donde se dispersa la sangre como fuegos artificiales. Microquimerismo. Una madre y un padre en el corazón del hijo. Quimera. Monstruo mitológico que junto con Ortro procreó a la temible Esfinge. Ortro. Perro de dos cabezas, hijo de Equidna y Tifón, hermano de cerbero; de su unión con la Quimera surgieron la Esfinge y el León de Nemea. Manipulación genética. "Emplear tecnologías de laboratorio para alterar la composición del ADN de un organismo"; la escritura también es una tecnología para manipular con la imaginación la composición genética de las especies. Esfinge. Criatura mítica de destrucción y mala suerte que se representaba con rostro de mujer, cuerpo de león y alas de ave. Belerefonte. Héroe mítico que mató a la Quimera y domó al Pegaso; el hombre contra los transgénicos.

EN LA INFANCIA UNA CASA

EN LA INFANCIA UNA CASA

I.

Levantar una casa es gastar la vida gota a gota.
Trabajar para vivir.
Trabajar para dar de comer a la casa,
con floreros,
muebles, despensa, un televisor, retratos de familia.
Adornarla, vestirla.
Una casa es una niña desamparada.
Un perro bajo la lluvia.

Pintar las paredes requiere vida, lavar los platos,
mover los muebles de lugar para que el paisaje de la casa sea otro
y así engañar a la memoria
fingir que habitamos otra casa,
fingir que no llegamos al mismo sitio de siempre.
Cuánta vida limpiando la casa para volver a ensuciarla.
Cuánto sudor para los empeños de una casa,
una casa es una niña, una niña inválida,
una casa que jamás saldrá de casa a hacer su vida.
Atada al lazo umbilical,
a la convalecencia de sus muros cuarteados
por las goteras que la hacen llorar.
La casa se rehúsa a volverse roca y escombro y nido de fantasmas.
Mudarse de casa es dejar una huérfana en la banqueta.
Por eso nunca te fuiste, madre.

II.

Mi madre olvidó mi rostro. Yo me pregunto si alguna vez tuve uno.
Me pregunto si tengo edad para empuñar un arma.
Si tengo la edad que tenían papá y mamá cuando tuvieron un hijo.
Me pregunto si el hijo que soy es el hijo que soñaron.

Acaso soy una acuarela deformada por el tiempo, un personaje de Francis Bacon
infiltrado en las fotos familiares. Parece que el tiempo y la humedad
me desfiguraron la cara hasta la desmemoria.

Mi madre olvidó mi rostro, pero sabe muy bien quién es Marlon Brando,
puede apuntarlo con el dedo apenas lo ve en la televisión;
puede olvidarlo todo
menos la cara de Marlon Brando.
Puede olvidar mi rostro, olvidar también que sus canarios tienen hambre.
Llego a la casa y veo los canarios muertos dentro de su jaula
y la vorágine de moscas devorando los vestigios del canto.
También apresamos la muerte de los animales,
una cabeza de venado, una alfombra de piel, un par de canarios muertos,
ornatos para la casa de una madre solitaria.
Mi madre es un animal disecado en la repisa.

Mi madre es una casa en ruinas: polvo al vuelo, pájaro de cal.
Siempre imaginé al olvido igual a un cuarto pintado de blanco en el que no
                                                            |pasa nada;
una habitación de paredes blancas dentro de una casa en la montaña,
una casa sin niños y con el televisor apagado.
El olvido. La cabeza de mamá.
El olvido es un cuento de hadas antes de dormir cuando temía a la oscuridad.
El olvido es la caja de zapatos donde metí al gorrión muerto que encontré en
                                                            |la calle.
Para que mamá no lo viera guardé la caja en el closet. Y lo olvidé.
Recuerdo el olor en mi cuarto, recuerdo abrir la caja varios días después
y los gusanos, y la guadaña en su pecho.
Aclarar: demasiada anécdota en el
poema no es necesariamente para irritar los ojos.

Mamá dice que cuando partí me llevé en la maleta la llama de mi nombre.
No me recuerda.
Guarda en la pupila un vago pistilo de luz sobre mi rostro.

El rumor de mi sonrisa.

Mamá dice que más allá de la tierra existen pájaros más bellos que la muerte.

Los pájaros de la memoria no recuerdan la lógica del vuelo.

Nunca tomaron clases.

Nunca fueron a la escuela de aviación.

Cuando despertaron ya conocían la historia del viento.

Acaso existen otros mundos, recónditos,

donde habitan pájaros más hermosos que la muerte,

mundos secretos que solo se conocen en la convalecencia,

que solo vemos a través de las llagas del cuerpo viejo.

Acaso podría tomarte de la mano, mamá, para caminar por el jardín

y callar por amor a tu desmemoria.

III.

Olvidé dónde termina el recuerdo de mi madre, dónde comienza el de mi padre.

A menudo confundo sus ojos. El cuerpo de mi memoria,

un mapa de cicatrices postergadas.

Papá y mamá se parecen a la piedad de los muertos. La misma paloma fúnebre

me trae sus promesas desde el río de los huesos.

Postergo el mañana para cuando estén de vuelta, decidido a no envejecer.

De mi madre recuerdo su mar en calma, de mi padre recuerdo los barcos

hundidos en el fondo del mar.

De mi padre recuerdo sus pies escamados, su vocación de tritón azul.

Arrojo mi red al mar

y me devuelve los cadáveres de mamá y papá,

los ahogados bailarines, al son del oleaje, al compás de los corales.

También las sombras del olvido tienen cuerpo. Escucho sus sombras

merodear por la casa, murmuran, caminan por la cocina arrastrando los pies

como hacía el abuelo.

Dejan vasos de leche a medio tomar sobre la mesa,

morusas de galleta en el sofá,

manchas de mole negro en la cocina, la receta
de la abuela de mi abuela.
Y me pregunto si morir es un hambre de perdón que no se sacia nunca.
También las sombras tienen hijos: dan a luz a oscuros silencios.
Yo habito en mis padres, mis padres habitan en mí.
La secuencia interminable
del árbol venido a ceniza, abono, tierra fértil
para la progenie que vendrá:
Descendientes de rudos campesinos somos.
Mi padre ama la tierra,
mi madre, el cielo
y de esa unión nacimos.
Cuando mi padre y mi madre se abrazan
fluye el río de que hablo
y Dios está muy cerca
de nosotros.

Baudelio Camarillo.

IV.

Padre y madre, el mismo cuerpo, el mismo beso bífido.
Una semilla muerta venida a naranjo.

Padre y Madre:
Vengo de un hogar inhóspito, sin luz ni música, parecido a la memoria de los
asilos. En aquel hogar baldío supe que el llanto es pura alabanza de lo ausen-
te. La ausencia de madre habita en el hijo ausente en la cena familiar. Nunca
más la cena se hizo con amor, nunca más en mi mesa. Papá y mamá, contra
su voluntad, se tragaron la tierra, las semillas y la lluvia que les hiciera crecer
un naranjo en la barriga, y que faltara todo, amor, abrazos, fotografías, pero
nunca el alimento. Un día el naranjo olvidó darnos el fruto y volvió a la tierra.
Será que el olvido es un avestruz que esconde la cabeza para no ver el Futuro.

Así el naranjo volvió a las entrañas de mis padres. Naranjas para el jugo, gallinas para los huevos, cerdos mutilados para el sazón del desayuno perfecto, un domingo por la mañana, en familia. Qué poco respetamos la vida cuando se quiere conservar la vida. Por la tarde comemos barbacoa del cordero que también fue madre, padre, hijo.

Les escribo para no charlar, fiel al silencio nuestro,
al silencio de familia en aquella canción de cuna
de una noche
de una casa baldía
inhóspita
memoria sin cabeza.

V.

Restaurar una casa vieja,
traerla de la ruina
darle una segunda infancia,
de vuelta a las goteras,
de vuelta a las habitaciones vacías.

Levantar una casa que sirva de orfanato
es levantar *un muro para una grieta*.

VI.

Camino por el jardín con mi madre y con los ojos llenos de piedad me aconseja
cuidar las flores del mundo, poner un huerto en mi casa,
sembrar un árbol sin dejarlo morir.
Me dice cómo amar a mi mujer con flores.
–Las flores son como los corazones, de vez en cuando hay que rociarles una
|caricia.
Recuerdas el nombre de todas las flores, pero olvidaste cómo se hacen los hijos.

Lo que es tener un cuerpo. Cerrado por derribo.
Mi madre es un jardín de crisantemos blancos.
El olvido es un jardín pintado de blanco.
Me dijo: vas a sufrir tanto como yo sufrí, las personas que sueñan sufren demasiado
y yo soñé un hijo como tú.

VII.

Te regalo mis manos para que hagas con ellas una copa de memorias en familia
y bebas entera toda la ausencia
y no la sufras en dosis pequeñas.
Si pudiera me llevaba a la muerte tus manos cansadas
para que revolotearan dentro de mi ataúd.
Tus manos, padre, tus manos, madre, nunca fueron sembradas y en cambio,
florecieron,
trajeron manzanas rojas, pecados originales,
sangre dulce que mamar,
bosques tropicales,
para disfrazar el hambre a fin de mes.
Nunca un andrógino fue tan bello como mamá y papá.
Ya lo olvidaste, me diste lo que no fue tuyo:
un corazón,
la leche para tejer los sueños,
un automóvil,
la profesión de hacedor de historias,
con la condición de cuidar las flores del jardín cuando no estuvieras.

VIII.

Te perdono por el paso del tiempo en tus manos, padre.
Te perdono tu pronto adiós y olvidar mi nombre, madre.
Busco en cantos la savia que repare tu cuerpo de tiempo agrietado.

Madre del tiempo.
Padre huérfano.
Morada de los hermanos.

Compré una estufa, un microondas, una podadora
para irme a vivir dentro de la urna de sus cenizas
sobre el librero.

También hay casas de carne y hueso, hijos idénticos a sus padres,
cortados con la misma tijera, hijos de tigre pintito,
de tal palo tal astilla,
árbol que nace torcido…
así explicaba mi abuela
lo que otros llaman Microquimerismo.

IX.

Padre y madre, el mismo país,
y yo por la desventura exiliado.
El huracán se llevó las fronteras
entre los padres y el Árbol de la vida.
Paso mi beso por tu mano para que no se duerma nunca el andrógino.
El naranjo en el jardín.
Voy dejando un rastro, un beso en charcos.
No te duermas, no se duerman.
Hagamos que florezcan los años nuevos,
nuevos hijos con padres que nunca fueron hijos.
Padre y madre, andrógino y árbol,
trigal dorado para la paz de los hambrientos,
raudal de leche en la boca de los hermanos.
Bebo la sed de sus rostros, (*cuando era pequeño mi abuela materna me contó que los niños que morían sin conocer el polvo ni la basura no ascendían directamente al cielo, sino que se iban a un lugar llamado Chichihualcuauhco. Ahí estaba el árbol nodriza, de cuyas ramas,*

en lugar de frutos, colgaban miles de tetas llenas de leche materna para alimentar a los bebés muertos. Los infantes yacían a la espera de una segunda oportunidad de vida: volverían a la Tierra cuando la raza que la habitaba terminara por extinguirse), bebo del árbol que sembré en el cráneo de mis padres.

Un par de macetas en el jardín.

XI.

Los mexicas creían que los bebés que morían en sus primeros meses de vida se iban a un paraíso con un árbol nodriza, cubierto de hojas de las que manaba leche. El códice florentino lo dice con estas palabras: "Se dice que los niñitos que mueren, como jades, turquesas, joyeles, no van a la espantosa y fría región de los muertos (al Mictlán). Van allá a la casa de Tonacatecuhtli; viven a la vera del árbol de nuestra carne. Chupan las flores de nuestro sustento: viven junto al árbol de nuestra carne, junto a él están chupando.

Jazmina Barrera, *Línea Nigra*.

XII.

La casa que fue mi primera infancia se desmorona. El tiempo no perdona, dice mi madre. Apenas se sostiene en pie, con los muros cuarteados, con los huesos roídos, deshabitada. Sobre el suelo, sigo el rastro de las hojas secas que mi madre dejó regadas: de la cocina a la alcoba, de la sala al jardín. El rastro de sangre. Retrato de la vejez. Mamá y el otoño se parecen en el crujir de sus huesos. En el corazón helado. Bajo mis plantas crujen las huellas de mi madre. La casa huele a pan de nuez y albaricoque, a canela y al café caliente que me recuerda a las noches frente al televisor. Mamá hacía el café y papá traía pan dulce cuando volvía del trabajo. El café me pone triste desde que tengo memoria y consciencia de la muerte. Me conmueve el agua muerta. Agua que ya no es agua. Alguien dijo hágase la sombra y se hizo el café a costa de la pureza del agua. *Para que una cosa sea, otra tiene que dejar de ser.* Dijo mi madre que dijo Demócrito. Entramado de voces, la raíz del conocimiento

humano. Mi madre lo sabía. Para dar amor con tazas de café hay que matar la transparencia, para matar el tiempo hay que formar una familia, quitarle el bozal a las raíces del cuerpo, y que los hijos de los hijos ramifiquen como ríos de agua nueva hacia el mar del café. Negro. Abismo estancado. La muerte no es punto final, dice mi madre, tomar una taza de café, beber el cadáver, vertedero de transparencias, amargo, añejo, es beber la ceniza como hacen los Yanomami con sus muertos. La muerte no existe, el final es una ilusión de números sucedáneos. Camino por la casa, no encuentro a mi madre por ningún lado, sigo el sendero de hojas secas que dejó. El mapa hacia el tesoro de naturaleza muerta. Hasta entonces todos los caminos me llevaban a ella, no a Roma. Quizás habré olvidado la raíz umbilical, me habrá olvidado. La busco en cada habitación. En la alacena. En el jardín. No está. No aparece. No hay madres enlatadas ni madres en crisantemos blancos. Me dicen los vecinos que una ambulancia vino por ella. Hace meses, años, siglos. Se me ocurre dejarle un recado pegado en el refrigerador con firma de Marlon Brando para que sonría cuando regrese a casa, como alma en pena, como espíritu chocarrero, para que recuerde el latir de su corazón. Saco el bolígrafo de la bolsa, pero se me resbala, cae al suelo y se enciende la orquesta. De todos lados emerge un montón de mariposas blancas. El olvido es una casa con las paredes cubiertas de mariposas blancas, mi madre es el olvido blanco. La desmemoria hasta la blancura total. Una casa con paredes blancas. Una cabeza sin recuerdos. Las mariposas vuelan por todos lados. La casa se desmorona como migas de pan de nuez. La casa revolotea y se deshace. Vuela. Huye la primera morada. La casa huye por su propia puerta: los muros se diluyen, el techo se derrumba, vuelan las mariposas, la casa alada. La memoria se fuga en el éxodo de mariposas blancas y yo, al centro de la vorágine, los libero de la memoria.
Padre. Madre.
Los libero de su sábana blanca.

Sobre el autor

Aldo Barucq. 17 febrero de 1994. Nacido en Aguascalientes, México. Licenciado en Filosofía por la Universidad Autónoma de Aguascalientes. Docente de Filosofía y Literatura. Becario PECDA Aguascalientes en la categoría de Novela, 2021. Autor de la novela *Gang Bang* por Crisálida Ediciones, SLP 2020. Becario Interfaz *Los signos en rotación*, GTO 2018. Integrante del Primer y Segundo Encuentro de Narradores de Aguascalientes. Premio Interuniversitario de Cuento Felipe González San José, 2017. Premio Estatal de Ensayo José Guadalupe Posada, INJUVA, 2016. Ha publicado cuento, ensayo y poesía en revistas y antologías como Fósforo, Tierra Baldía, Poetómanos, Pirocromo, Los demonios y los días, Aquí continúa la sangre, Tropa, Revuelta y Ley, Página Salmón, Revista Palabrerías, Granuja, Golfa, entre otras.

Septiembre 2023
Impreso en Buenos Aires,
Buenos Aires Poetry
www.editorialbuenosairespoetry.com